Doris Muliar

Die Stoffwechsel DIÄT

Doris Muliar

Die Stoffwechsel DIÄT

Die Fettverbrennung ankurbeln und erfolgreich abnehmen

riva

Bibliografische Information der Deutschen Nationalbibliothek
Die Deutsche Nationalbibliothek verzeichnet diese Publikation in der Deutschen Nationalbibliografie. Detaillierte bibliografische Daten sind im Internet über https://dnb.de abrufbar.

Für Fragen und Anregungen
info@m-vg.de

Wichtige Hinweise
Dieses Buch ist für Lernzwecke gedacht. Es stellt keinen Ersatz für eine individuelle medizinische Beratung dar und sollte auch nicht als solcher benutzt werden. Wenn Sie medizinischen Rat einholen wollen, konsultieren Sie bitte einen qualifizierten Arzt. Der Verlag und die Autorin haften für keine nachteiligen Auswirkungen, die in einem direkten oder indirekten Zusammenhang mit den Informationen stehen, die in diesem Buch enthalten sind.

Ausschließlich zum Zweck der besseren Lesbarkeit wurde auf eine genderspezifische Schreibweise sowie eine Mehrfachbezeichnung verzichtet. Alle personenbezogenen Bezeichnungen sind somit geschlechtsneutral zu verstehen.

Originalausgabe
2. Auflage 2025

Türkenstraße 89
80799 München
Tel.: 089 651285-0

Redaktion: Caroline Kazianka
Umschlaggestaltung: Sonja Vallant
Umschlagabbildungen: Vorderseite oben: JOAT/Shutterstock.com, mama_mia/Shutterstock.com, unten: nadianb/Shutterstock.com; Rückseite oben: Kolpakova Svetlana/Shutterstock.com, nelea33/Shutterstock.com, unten: artem evdokimov/Shutterstock.com
Satz: inpunkt[w]o, Haiger (www.inpunktwo.de)
Druck: Florjancic Tisk d.o.o., Slowenien
Printed in the EU

ISBN Print 978-3-7423-1480-2
ISBN E-Book (EPUB, Mobi) 978-3-7453-1154-9

Inhalt

Vorwort

Sie möchten ein für alle Mal auf Kalorienzählen und strenge Diätregeln verzichten? Das ist ganz einfach: Bringen Sie Ihren Stoffwechsel auf Trab! Ein funktionierender Stoffwechsel läuft wie ein gut geschmierter Motor. Wenn Sie dazu noch mit Zimt, grünem Tee oder dunkler Schokolade den Stoffwechsel-Turbo einschalten, verschwinden überflüssige Pfunde wie von Zauberhand.

Mit den richtigen Nährstoffen und Tipps, wie Sie diese in Ihre Ernährung einbauen, beseitigen Sie müde machende Giftstoffe aus Ihrem Körper, wird Überflüssiges abtransportiert und Zucker zu Energie verwandelt, statt als Fett auf den Hüften zu landen.

Ein starker Stoffwechsel regt auch das Immunsystem an, was in der Erkältungszeit und als Schutz vor allerlei Viren von immensem Vorteil sein dürfte.

Eine Ernährung, die den Stoffwechsel heilt und stärkt, ist keine Diät im klassischen Sinn. Es ist eine gesunde Lebensweise, für die Sie keine teuren und exotischen Lebensmittel brauchen. Es gibt auch keine strengen Verbote, wohl aber Empfehlungen, was Sie besonders essen sollten und was eher zu vermeiden ist.

Zu Beginn der Ernährungsumstellung – in der ersten Woche – wäre es sinnvoll, keine Events oder Einladungen zu planen, damit Ihr Organismus Zeit und Muße hat, sich daran zu gewöhnen. Danach können Sie es lockerer angehen – bis Sie verinnerlicht haben, was Ihrem Stoffwechsel guttut.

In diesem Buch finden Sie einen kurzen Überblick darüber, wie der Stoffwechsel funktioniert, und eine Einschätzung zu den gängigen Stoffwechsel-Diäten. Wir informieren Sie darüber, was den Stoffwechsel schwächt, was ihn stärkt und wie Sie ihn schließlich aktivieren und auf Touren bringen können.

Dazu gibt es eine Anleitung zu einer 14-Tage-Stoffwechselkur, viele Tipps und mehr als 80 leckere Rezepte mit Informationen zu den verwendeten Nahrungsmitteln.

Lassen Sie es sich gut schmecken und freuen Sie sich auf Ihren gesunden, leistungsfähigen und fitten Körper!

Zum Umgang mit diesem Buch

Bitte achten Sie darauf, für wie viele Portionen das jeweilige Rezept gedacht ist – meist sind es zwei. Auch wenn Sie nur für sich allein kochen, können Sie zwei oder vier Portionen zubereiten. Denn vieles eignet sich gut zum Einfrieren, manches können Sie zum Mitnehmen vorbereiten und im Kühlschrank aufbewahren. Meal Prep, also das Vorkochen von Mahlzeiten, spart Zeit und Energie!

Gemüse wird in unseren Rezepten grundsätzlich gedämpft, da beim Kochen in Wasser, das weggeschüttet wird, viele der wertvollen Inhaltsstoffe verloren gehen. Wir verwenden dafür einen sogenannten Dampfgareinsatz, auch als Gemüsedämpfer oder Dämpfkorb im Handel. Er passt sich der Topfgröße an und wird in Aluminium oder Kunststoff für wenig Geld in Kaufhäusern, Supermärkten und im Internet angeboten.

Einige grundsätzliche Dinge, die für alle Rezepte gelten, werden hier zusammengefasst:

- Wenn Milch und Joghurt verwendet werden, sind die Produkte mit 3,5 % Fettgehalt gemeint. Die fettreduzierten Varianten enthalten mehr Kohlenhydrate.
- Auch für Quark und Frischkäse gilt: Wählen Sie – selbst wenn Sie abnehmen wollen –die höheren Fettstufen. Die Lightprodukte weisen mehr Kohlenhydrate auf und außerdem oft Emulgatoren.
- Die Mengenangaben bei Gemüse und Obst beziehen sich auf ungeputzte Ware.
- Mit Zwiebel ist ein Exemplar von 100 g gemeint. Eine kleine Zwiebel hat etwa 75 g, eine große 150 g.
- 1 EL Öl schlägt bei den Nährwertberechnungen mit 15 g zu Buche, 1 TL mit 5 g.

Bei jedem Rezept finden Sie ausführliche Nährwertangaben. »Kcal« steht hierbei für Kilokalorien, »E« für Eiweiß, »F« für Fett und »KH« für Kohlenhydrate.

Wie funktioniert der Stoffwechsel?

Unter Stoffwechsel versteht man nicht nur den Verdauungsvorgang in unserem Organismus. Der Metabolismus, wie Stoffwechsel wissenschaftlich bezeichnet wird, umfasst alle biochemischen Prozesse, die in unseren Zellen ablaufen. Diese Prozesse sorgen dafür, dass Nahrungsstoffe in die Zellen gelangen, sie regulieren den Energiebedarf und -verbrauch, sie regen Wachstum und Erneuerung an, lenken die Verdauung, verarbeiten und recyceln abgestorbene Zellen. Der Stoffwechsel schützt vor Erkrankungen und setzt Heilungsprozesse in Gang. All diese Funktionen dürfen nicht einzeln betrachtet werden – erst ihr reibungsloses Zusammenspiel führt zu einem ausbalancierten Stoffwechsel.

Dabei spielt die Ernährung eine große Rolle. Auch hier kommt es auf das Zusammenwirken der einzelnen Elemente an. Es werden täglich etwa 50 Nährstoffe gebraucht, um alle Lebensfunktionen aufrechtzuerhalten. Die wichtigsten davon finden Sie im Kapitel »Die richtigen Nährstoffe und Lebensmittel« ab Seite 30 beschrieben.

Man unterscheidet verschiedene Gruppen des Stoffwechsels. Die größte Gruppe stellt der Energiestoffwechsel dar mit seinen Untergruppen Kohlenhydrat-, Fett- und Proteinstoffwechsel. Von großer Bedeutung – auch wenn nur winzige Mengen benötigt werden – ist der Mineralstoffwechsel. Wie wichtig die Hormone – nicht nur die Sexualhormone – für unser gesamtes Leben sind, merkt man erst, wenn sie aus dem Ruder laufen. Sie sind ebenfalls einem eigenen Stoffwechsel unterworfen.

Diese komplexen Vorgänge beginnen in der Mundhöhle, beim Zerlegen unserer Nahrung in die einzelnen Bestandteile durch das Kauen, und setzen sich im Darm bei der Verdauung fort. Dort werden alle Nahrungsbestandteile in ihre kleinsten Einheiten zerlegt und durch die Darmwand in das Blut abgegeben, das sie dorthin transportiert, wo sie gebraucht und weiterverarbeitet werden. Daher sind ein gesunder Darm und eine gute Verdauung Grundvoraussetzungen für einen funktionierenden Stoffwechsel.

Dem Stoffwechsel wird gern die Schuld in die Schuhe geschoben, wenn es mit dem Abnehmen nicht klappt. Beliebt ist der Spruch: »Ich muss ein Stück Torte nur ansehen, um zuzunehmen.« Die Ausreden vom langsamen oder schnellen Stoffwechsel gelten aber nicht: Wenn Ihr Stoffwechsel nicht so recht funktioniert, sind Sie in den allermeisten Fällen selbst schuld und brauchen ihn »nur« auf Vordermann zu bringen. Das allerdings erfordert etwas Geduld. Was Sie dafür unternehmen können, wird im Kapitel »Wie kann man den Stoffwechsel zusätzlich aktivieren« ab Seite 27 erklärt. Es geht dabei nicht darum, einen »langsamen« in einen »schnellen« Stoffwechsel zu verwandeln! Das Ziel ist, dem eingeschlafenen Stoffwechsel mit ein paar Kicks wieder auf die Beine zu helfen – dann klappt es auch mit dem Abnehmen.

Ein gut arbeitender Stoffwechsel beeinflusst so ziemlich alle unsere Lebensfunktionen: das Zusammenspiel der Zellen, Hungergefühle, Hormonhaushalt, Entgiftung, Krankheitsrisiko, Altersprozesse, Energie, Müdigkeit und nicht zuletzt natürlich auch das Gewicht.

ENERGIESTOFFWECHSEL

Alle Energie dafür kommt ursprünglich von der Sonne und ist in den pflanzlichen und tierischen Nahrungsmitteln gespeichert. Sie muss in unserem Körper wieder in Energie für Muskelbewegung, Gehirntätigkeit, Organarbeit und Körpertemperatur umgewandelt werden. Diese Umwandlung bezeichnet man als Energiestoffwechsel.

Dabei gibt es zwei Gruppen, den katabolen und den anabolen Stoffwechsel, die jeweils nacheinander von Hormonen, Enzymen und Mineralstoffen geregelt werden.

Beim **katabolen** Energiestoffwechsel wird die Nahrung in die einzelnen Moleküle zerlegt und in Energie verwandelt. Einfaches Beispiel: Alle Kohlenhydrate, ob aus Zucker, Mehl, stärkehaltigem Gemüse oder Obst, werden in Glukose umgewandelt. Und diese wird wiederum, wenn die Energie nicht durch Bewegung oder Organtätigkeit verbraucht wird, in Fett- oder Muskelzellen gespeichert.

Beim **anabolen** Energiestoffwechsel erfolgt der Aufbau: Glukose, Fett oder Proteine bauen oder reparieren die Zellen. Das ist bedeutend für Wundheilung, Muskelaufbau oder allgemeine Zellerneuerung.

Männer haben grundsätzlich aufgrund ihrer größeren Muskelmasse einen höheren Energiestoffwechsel. Leider verlangsamt sich der Stoffwechsel, ob bei Mann oder Frau, im Alter, weshalb wir in dieser Lebensphase, wenn wir gleich viel essen wie in der Jugend oder Lebensmitte, meist zunehmen.

Gesteuert wird das Ganze von der Schilddrüse, die mit den Hormonen T3 (Trijodthyronin) und T4 (Thyroxin) den Stoffwechsel reguliert. Bei einer Unterfunktion verlangsamen sich die Stoffwechselvorgänge, bei einer Überfunktion laufen sie beschleunigt ab. Beides sind ernst zu nehmende Erkrankungen, die vom Arzt mittels Blutuntersuchung festgestellt und dann behandelt werden müssen. Schilddrüsenmedikamente, die bei diagnostizierter Unterfunktion den Stoffwechsel beschleunigen, sind nicht zum Abnehmen geeignet! Sie würden dadurch den ohnehin schon geschädigten Stoffwechsel noch weiter aus dem Gleichgewicht bringen.

Was den Energiestoffwechsel tatsächlich anregt, ist eine Steigerung der Herzfrequenz durch Bewegung und Sport. Und damit werden auch alle anderen Sparten des Stoffwechsels in Schwung gebracht.

KOHLENHYDRATSTOFFWECHSEL

Die Kohlenhydrate aus der Nahrung werden in Zuckermoleküle zerlegt und in der Leber zu Glukose (Traubenzucker) umgewandelt. Von dort gelangt sie durch die Blutbahn zu den Körperzellen, wo sie verbraucht, d. h. verbrannt wird. Übrige Glukose wird zunächst als Glykogen in den Muskelzellen und der Leber gespeichert, langfristig aber in Fett umgewandelt und in den (uns lästigen) Depots eingelagert.

Wenn die Verwertung und Verteilung der Nährstoffe aus Kohlenhydraten aus dem Ruder läuft, können Krankheiten wie Diabetes entstehen.

FETTSTOFFWECHSEL

Das Fett in der Nahrung wird zu Fettsäuren und Glyzerin aufgespalten. Ein Teil davon wird verbraucht, ein anderer Teil in den Fettzellen, unseren größten Energiespeichern, eingelagert. Normalerweise bevorraten wir ca. 80 000 bis 100 000 kcal in diesen Speichern. Das sind etwa 8 bis 10 kg Fett. Genetisch wäre unser Organismus darauf programmiert, praktisch unbegrenzt Fettspeicher anzulegen – als Reserve für Hungerperioden. Bei stark übergewichtigen Menschen können das 50 oder mehr kg Fett sein.

Aber: Fett muss nicht immer schlecht sein. Wir haben weiße Fettzellen, die dafür da sind, Fett für Notsituationen einzulagern, was sie theoretisch unbeschränkt machen. Daneben gibt es aber auch die braunen Fettzellen, von denen Neugeborene noch sehr viele haben, die aber im Laufe der Zeit immer weniger werden. (Die bräunliche Farbe kommt von den vielen Mitochondrien*, die sich dort befinden.) Dieses braune Fettgewebe dient der Energiegewinnung, kann Säuglinge oder Tiere im Winterschlaf von innen wärmen. Da wäre es doch schön, weiße Fettspeicherzellen dazu anzuregen, sich wie braunes Fett zu verhalten, also keine Energie mehr einzulagern, sondern im Gegenteil, sie zu verbrauchen. Ein Stoffwechsel im Turbo-Modus verbraucht nicht nur Speicherfett, sondern wandelt es auch in braunes Fett um und baut es damit weiter ab. Das passiert natürlich nicht von heute auf morgen. Neben Kälte und Sport wird diese Umwandlung von einigen Stoffen beeinflusst, die in Nahrungsmitteln enthalten sind, die Sie so oft wie möglich in Ihren Speiseplan einbauen können. Das

** Mitochondrien sind winzige Zellorgane, die zu Tausenden in jeder Zelle vorhanden sind. In einem ständigen Prozess wachsen, vermehren und verbrauchen sie sich. Je größer der Energiebedarf, desto mehr Mitochondrien werden aus Fett und Kohlenhydraten gebildet. Sie werden auch als »Kraftwerke der Zellen« bezeichnet. Sie produzieren Adenosintriphosphat (ATP), welches eine Art Zwischenspeicher für Energie darstellt, aus dem sich alle Zellen bei Bedarf bedienen können.*

sind z. B. Curcumin in Kurkuma, Piperin in Pfeffer oder Pektin in einigen Obstsorten. Weitere wichtige Nährstoffe finden Sie ab Seite 30 im Kapitel »Die richtigen Nährstoffe und Lebensmittel«.

PROTEINSTOFFWECHSEL

Die Proteine der Nahrung werden im Darm in kleine Bausteine, die Aminosäuren, zerlegt. Eiweiß wird kaum als Brennstoff, wie Fett und Kohlenhydrate, sondern als Baustoff für Körpergewebe gebraucht.

Störungen in diesem Teil des Stoffwechsels können Muskelabbau zur Folge haben und den Regenerationsprozess im Organismus verlangsamen oder gar stoppen. Speicher für Eiweiß gibt es in unserem Körper nicht, es muss also täglich zugeführt werden. Wird das zu oft vernachlässigt, werden die körpereigenen Eiweißträger, die Muskeln, abgebaut. Daher ist eine optimale Eiweißversorgung unerlässlich zur Verbesserung der Stoffwechsel- und Leistungsqualität. Im Abschnitt »Proteine« ab Seite 33 finden Sie die besten Eiweißquellen.

MINERALSTOFFWECHSEL

Eine Vielzahl von Mineralstoffen und Spurenelementen (das sind auch Mineralstoffe, aber in nur ganz winzigen Mengen) ist für das Funktionieren unseres Stoffwechsels nötig. Manche nur einzeln, wie etwa Jod zur Produktion der Schilddrüsenhormone, andere wirken zu zweit als Mit- oder Gegenspieler. Zum Beispiel ist das Zusammenspiel von Calcium und Phosphat wichtig für den Knochenaufbau. Calcium wird auch gemeinsam mit Magnesium für die Muskelarbeit benötigt und arbeitet dort mit Kalium zusammen, damit die Reizübertragung funktioniert. Magnesium reguliert zudem die Natrium-Kalium-Pumpe – ebenfalls ganz wichtig für die Muskeln, insbesondere für den Herzmuskel.

Auch unser Wasserhaushalt wird von Mineralstoffen gesteuert. Natrium, Kalium und Chlorid sind dafür verantwortlich, dass die Gewebespannung aufrechterhalten bleibt. Dabei binden Natrium und Chlorid Wasser im Gewebe, Kalium sorgt dafür, dass es wieder ausgeschwemmt wird. So wie zu viel Natrium (Kochsalz) schädlich sein kann, so würde zu wenig davon den Kohlenhydratstoffwechsel behindern.

An diesen kleinen Beispielen können Sie sehen, wie wichtig der richtige Mix ist, der individuell ganz verschieden sein kann. Bei falscher Ernährung können sich Mineralstoffe und Spurenelemente gegenseitig behindern. Das gilt auch, wenn Sie sich eigentlich gesund ernähren und zusätzlich Präparate einnehmen. Setzen Sie daher auf jeden Fall auf natürliche Ernährung statt auf Nahrungsergänzungsmittel. Aus der Nahrung holt sich Ihr Körper nämlich genau die Stoffe in genau der Menge, die er braucht. Übrigens: Die Deutsche Gesellschaft für Ernährung betont, dass »der Vitamin- und Mineralstoffgehalt pflanzlicher Lebensmittel in den letzten 50 Jahren nicht abgenommen hat«. Es gibt also – außer bei schwerwiegenden Erkrankungen – keinen Grund dafür, zu ergänzenden Tabletten, Säften oder speziell angereicherten Lebensmitteln zu greifen.

In der Tabelle sehen Sie die für den Stoffwechsel wichtigsten Mineralstoffe, deren Vorkommen und Wirkung auf einen Blick:

Die wichtigsten Mineralstoffe

	Erwachsene/ pro Tag*	Vorkommen	Bedeutung	Anmerkung
Calcium	1000 mg	Quark, Hartkäse, grünes Gemüse, Sesam, Feigen (frisch und getrocknet), Bananen	Das »Knochenmineral« aktiviert auch Hormone und Enzyme. Neuerdings wird sein Potenzial zum Abnehmen gepriesen – dafür muss viel Quark gegessen werden.	Jugendliche in der Wachstumsphase sollten 1200 mg täglich, Schwangere bis zu 1300 mg zu sich nehmen. Zu viel Calcium wirkt sich schädlich auf das Herz-Kreislauf-System aus – Vorsicht bei Nahrungsergänzungsmitteln! Höhere Dosierung bei Osteoporose muss vom Arzt verordnet werden.
Chlorid	2300 mg	als Natriumchlorid in Kochsalz; in verarbeiteten Lebensmitteln	Sorgt für den richtigen osmotischen Druck in den Zellen. Teil des Magensafts. Wirkt zusammen mit Natrium auf den Blutdruck.	Die durchschnittliche Salzzufuhr liegt in Deutschland deutlich über den empfohlenen Werten. Inwieweit das Einfluss auf das Herz-Kreislauf-System hat, ist wissenschaftlich unklar. Besser mehr Lebensmittel mit geringem Chloridgehalt essen: Gemüse, Obst, ungesalzene Nüsse.
Chrom	30–100 µg	Bierhefe, Hülsenfrüchte, Vollkornbrot, Innereien	Beeinflusst die Verwertung von Kohlenhydraten, besonders von Zucker, und verbessert den Fettstoffwechsel.	Bei zucker- und fettreicher Ernährung erhöhter Chrombedarf. Wird dieser nicht gedeckt, sind jedoch keine Mangelerscheinungen bewiesen. Ein Zusammenhang mit Diabetes und Arteriosklerose wird vermutet.
Eisen	10 mg	Eisen aus Fleisch, Fisch und Eigelb wird besonders gut verwertet. Pflanzliches Eisen (Hülsenfrüchte, Haferflocken) wird schlechter aufgenommen.	Wird für die Blutbildung benötigt. Die roten Blutkörperchen binden mithilfe des Eisens Sauerstoff, damit dieser überall hin transportiert werden kann.	Eisenmangel (wird vom Arzt festgestellt) hängt meist mit unzureichender Zufuhr über die Nahrung zusammen; Vitamin C unterstützt die Aufnahme von Eisen. Vegetarier und Veganer müssen sorgfältig auf den Eisengehalt ihrer Nahrung achten. Alkohol behindert die Eisenaufnahme.
Jod	150–200 µg	Fisch, Meeresfrüchte, Algen, jodiertes Speisesalz	Jod reguliert (zusammen mit Selen und Eisen) die Schilddrüsenhormone und damit einen Großteil des Stoffwechsels.	Eine zu hohe Nitratbelastung in der Nahrung behindert den Transport von Jod in die Schilddrüse. Deutschland galt mal als Jodmangelland – das hat sich in den letzten Jahrzehnten stark verbessert.

Die wichtigsten Mineralstoffe

	Erwachsene/ pro Tag*	Vorkommen	Bedeutung	Anmerkung
Kalium	4000 mg	Aprikosen, Avocado, Bananen, Kohlrabi, Möhren, Tomaten, Nüsse, Bitterschokolade, Dinkel, Buchweizen	Aufrechterhaltung des osmotischen Drucks, Leitung von Nervenimpulsen für Muskeln, Herz und Blutdruck. Wichtig für Wachstum, da zusammen mit Enzymen an der Bildung von Proteinen beteiligt.	Mangel nur bei Unterernährung. Einnahme von Kaliumpräparaten nur unter ärztlicher Aufsicht.
Kupfer	1–1,5 mg	Fische, Schalentiere, Innereien, Nüsse, Kakao, Sonnenblumenkerne	Kupfer ist ein Antioxidans, schützt vor freien Radikalen, dient der Energiegewinnung und zusammen mit Eisen der Blutbildung (rote Blutkörperchen).	Bei ausgewogener Ernährung keine Mangelerscheinungen. Rauchen behindert die Kupferaufnahme. Zu viel Kupfer, z. B. durch schadhafte Wasserleitungen, kann schädlich sein.
Magnesium	300–350 mg	Vollkornprodukte, Quinoa, Mandeln, Kürbis- und Sonnenblumenkerne, Trockenfrüchte, Hülsenfrüchte	Zink und Magnesium steuern zusammen mehr als 450 Stoffwechselvorgänge. Wichtig für Muskel- und Nervenfunktion. Außerdem: Aufbau von Knochen. Muss eng mit Calcium und Kalium zusammenarbeiten.	Magnesiummangel kann Muskelkrämpfe und Hungerattacken auslösen.
Natrium	1500 mg	Kochsalz, verarbeitete Lebensmittel	Mit Chlorid und Kalium für Elektrolythaushalt zuständig. Reguliert Wasserhaushalt, Säure-Basen-Balance und Blutdruck.	Kein Mangel. Mit ca. 3500 mg durchschnittlich täglich eher zu viel.
Phosphor	700 mg	Getreide, Hülsenfrüchte, Fisch, Fleisch, Milch, Milchprodukte, Eier	Ein wichtiger Baustein für Knochen und Zähne. Energielieferant für die Mitochondrien in den Zellen. Wirkt auch als Puffer im Säure-Basen-Haushalt.	Kommt im Körper hauptsächlich in Verbindungen als Phosphat vor. Kein Mangel bei Gesunden bekannt. Zu viel Phosphor wird ausgeschieden.
Selen	60–70 µg	Fisch, Innereien, Eier, Hülsenfrüchte, Nüsse, vor allem Paranüsse	Das Halbmetall aktiviert die Schilddrüsenhormone, ist an der Bildung vieler Enzyme beteiligt und stärkt das Immunsystem. Haare, Leber, Herz und Augen profitieren von Selen.	Nur drei Paranüsse täglich sichern die Versorgung mit Selen. Alkoholkonsum vermindert die Aufnahme. Als Nahrungsergänzung nicht gleichzeitig mit Zink einnehmen. Zu hohe Selenwerte im Blut können zu Vergiftungserscheinungen führen.
Zink	7–16 mg	Geflügel, Fleisch, Fisch, Meeresfrüchte, Getreide, Nüsse	Aktiviert mehr als 100 Enzyme, die für den Stoffwechsel von Bedeutung sind. Besonders gut für Haut, Haare und Nägel. Das Spurenelement unterstützt außerdem das Immunsystem und die Wundheilung.	Zusammen mit Vollkornprodukten und Hülsenfrüchten optimale Versorgung. Überdosierung durch Ernährung kaum möglich, wohl aber durch Nahrungsergänzungsmittel.

* lt. Empfehlung der Deutschen Gesellschaft für Ernährung

HORMONSTOFFWECHSEL

Nur wenn Ihre Hormone in Balance sind, klappt es auch mit den meisten Lebensvorgängen. Egal, ob Sie schwanger werden oder abnehmen wollen, ob Sie Alterungsprozessen vorbeugen oder Muskeln aufbauen wollen, ob Sie traurig oder gestresst sind – bei all diesen und vielen anderen Vorgängen sind Hormone beteiligt. Ein ausbalanciertes Zusammenspiel der wichtigsten Hormone Östrogen, Testosteron, Insulin, Cortisol und aller anderen ist daher wichtig.

Durch die allgegenwärtigen Umweltgifte in unserer nächsten Umgebung (Kunststoffe, Pestizide, Luftbelastung) und leider auch durch unpassende Ernährung mit zu viel Zucker, dem Hauptverursacher vieler Störungen, gerät unser Hormonsystem ins Straucheln.

Außer bei schwerwiegenden, vom Arzt diagnostizierten Fehlfunktionen lassen sich die Störungen allerdings mit geeigneten Nahrungsmitteln meist lindern oder beheben.

Geeignet sind Leinsamen und Leinöl, Gemüse aus der Familie der Kreuzblütler (alle grünen Kohlsorten, vor allem Brokkoli, auch Blumenkohl und Sauerkraut) und kleine Mengen dunkler Schokolade (über 70 % Kakaogehalt!).

VERDAUUNG

Wer sich mit einem funktionierenden Stoffwechsel beschäftigt, muss eigentlich bei der Verdauung beginnen. Durch die Verarbeitung in Mund, Magen und Darm werden die Inhaltsstoffe unserer Nahrung so zerlegt und aufbereitet, dass die Zellen sie aufnehmen können. Im wichtigsten Teil, dem Dünndarm, werden die Nährstoffe mithilfe von Enzymen aus Galle, Bauchspeicheldrüse und Leber in einzelne Moleküle aufgespalten. Denn nur so können sie von den Kraftwerken in den Zellen, den Mitochondrien, verwertet werden und nur so wird auch der Turbo für Ihren Stoffwechsel gezündet. Denn selbst wenn Sie alles essen, was als gut für den Stoffwechsel gilt, die Nährstoffe müssen für den Transport erst zerkleinert und dorthin gebracht werden, wo sie gebraucht werden. Das schafft die Verdauung mit ihren Billionen kleinen Helfern, den Bakterien in der Darmflora und einer Reihe von Enzymen. Grundvoraussetzung ist eine ausgewogene Ernährung ohne die allgegenwärtigen Nahrungsgifte, die den Darm schädigen, wie Zucker und industriell hergestelltes Essen mit Konservierungs- und künstlichen Zusatzstoffen. Nur ein gesunder Darm bereitet die Nahrungsbestandteile vollständig für die Aufnahme in Ihren Organismus auf. Wenn Sie also Ihrem fleißigen Darm besondere Streicheleinheiten gönnen wollen: 2 EL Naturjoghurt jeden Morgen sorgen für die Vermehrung der »guten« Bakterien. Sauerkraut, Chicorée und Artischocken fördern ebenfalls eine gesunde Darmflora.

Die bekanntesten Stoffwechsel-Diäten im Überblick

Sie haben jetzt gelesen, wie der Stoffwechsel funktioniert, und werden gleich erfahren, was ihn schwächt und was ihn stärkt. Wenn Sie die in diesem Buch empfohlenen Verhaltens- und Ernährungsweisen (»Was stärkt den Stoffwechsel?« ab Seite 25) berücksichtigen, sollte es langsam, aber sicher wieder mit dem Stoffwechsel und damit auch mit Abnehmen, Fitness und Wohlbefinden klappen.

Trotzdem sollen Sie hier noch über einige spezielle Stoffwechselkuren informiert werden, bei denen verschiedene Untersuchungen oder Präparate zum Einsatz kommen. Ausgangsbasis dieser meist strengen Diäten ist immer, dass jeder Mensch seinen individuellen Stoffwechsel hat und deshalb eine genau auf ihn zugeschnittene Ernährung benötigt, um gesund und schlank zu sein. Die Diätpläne enthalten auffallend wenig Kalorien, versprechen schnellen und dauerhaften Gewichtsverlust und sind meist mit Kosten für Analyse und Nahrungsergänzungsmittel verbunden.

Eine ganz allgemeine Stoffwechsel-Diät – wie hier im Buch – setzt hingegen auf natürliche Nahrungsmittel, die den Stoffwechsel ganz grundsätzlich – egal welcher Typ Sie sein mögen – anregen.

BLUTGRUPPEN-DIÄT

Der Naturheilkundler Dr. D'Adamo hat diese Diät in den 90er-Jahren des letzten Jahrhunderts »erfunden« und damals einen Hype ausgelöst. Mittlerweile ist es eher ruhig geworden um die »vier Blutgruppen«, die sich auf die Evolutionsgeschichte berufen. Danach wären Menschen mit der Blutgruppe 0 (die entwicklungsgeschichtlich älteste Blutgruppe) immer noch die Jäger, die sich hauptsächlich von Fleisch ernähren sollen. Die zweitälteste Blutgruppe A aus der Jungsteinzeit wäre nach dieser Theorie der Vegetarier, der auch ab und zu Fisch essen darf. Die Blutgruppe B, entstanden vor etwa 15 000 Jahren durch veränderte klimatische Verhältnisse und Völkerwanderungen, soll Geflügel, die meisten Hülsenfrüchte sowie Weizen- und Roggenprodukte meiden. B-Typen dürfen aber Kuhmilch trinken. AB schließlich, die modernste Blutgruppe, die sich in den letzten 1000 Jahren herausgebildet hat, kann Weizen vertragen, Käse, Fisch und Fleisch in kleinen Mengen.

Grundlage dieser Theorie ist, dass je nach Entwicklungsstufe der Eiweißstoffwechsel unterschiedlich angepasst ist, was bis heute in den Organismen der entsprechenden Blutgruppen nachwirkt.

Allerdings gibt es keine Studie, die diese Theorie beweist. Der aktuelle Stand der Forschung legt zudem nahe, dass die Theorie von der Entstehung der Blutgruppen falsch ist: Danach existieren alle Blutgruppen schon seit Millionen von Jahren.

GENOTYP-DIÄT

Grundlage für diese Diät ist eine Genanalyse aus einer Speichelprobe. Eine daraus im Labor vorgenommene Genotypisierung untersucht einen Teil der etwa 20 Genvarianten und leitet daraus Ernährungsempfehlungen ab. Je nach Anbieter sind die untersuchten Gene unterschiedlich und die daraus abgeleiteten Vorschläge ebenfalls. Für 200 bis 300 Euro erfährt man, ob Fett, Kohlenhydrate oder Proteine zu meiden sind. Dazu gibt es noch Empfehlungen, je nach Gentyp bestimmte Nahrungsergänzungen als Aktivatoren einzunehmen. Derzeit sieht es aber so aus, dass diese Genvarianten nicht sehr aussagekräftig sind und die Analyse eher Experimentcharakter hat. Bei weiterer Forschung könnte die Genotypisierung für vorbeugende Maßnahmen, z. B. bei Diabetes, angewendet werden. Jedoch sind Genanalysen für die Präventivmedizin derzeit Zukunftsmusik und gesellschaftlich umstritten.

HCG-DIÄT

Das Schwangerschaftshormon hCG (humanes Choriongonadotropin) wird als Tropfen oder Globuli eingenommen, soll appetitbremsend wirken und die Fettverbrennung anregen. Dazu kommen sehr strenge Vorschriften: In der Diätphase von 21 Tagen sind täglich 500 bis 700 kcal erlaubt, die hauptsächlich aus Proteinen bestehen. Kohlenhydrate, Milch, Zucker und Fette sind mehr oder weniger verboten. Darüber hinaus sollen jedoch Nahrungsergänzungsmittel – vor allem Omega-3-Fettsäure – eingenommen werden, um das Nährstoffdefizit auszugleichen.

Bei so wenigen Kalorien nimmt man natürlich ab. Genauso natürlich wird man aber auch wieder zunehmen (Jo-Jo-Effekt), wenn man nach der Diät normal isst. Ob es wirklich sinnvoll ist, mit einem Hormon in den Stoffwechsel einzugreifen, ist zumindest umstritten.

Die Tropfen und alles, was dazugehört, gibt es in Apotheken und als Pulver oder Kapseln bei verschiedenen Anbietern im Internet.

METABOLIC BALANCE®

Das Ernährungskonzept des Ehepaares Birgit und Dr. Wolf Funfack bezieht Blutwerte, Erkrankungen und persönliche Vorlieben in die Analyse mit ein. Es geht davon aus, dass sich jeder Mensch individuell auf seinen Stoffwechsel abgestimmt ernähren soll. Heilpraktiker, Ärzte, Apotheken und speziell geschulte Ernährungsberater (auch im Internet) erstellen die Empfehlungen. Die Kosten schwanken je nach gewählter Dauer und Art der Betreuung zwischen 300 und 900 Euro.

Nach einer Vorbereitungsphase mit Darmreinigung und zwei Entlastungstagen kommt eine zweiwöchige strenge Phase mit grammgenauen Angaben für drei Mahlzeiten täglich. Die Kalorienaufnahme in dieser Zeit liegt zwischen 950 und 1050 kcal pro Tag, für die meisten Menschen also unter dem Grundumsatz**. Die Mahlzeiten sind eiweißbetont, d. h. moderates Low Carb. Die komplizierten Pläne und Ernährungsregeln müssen streng eingehalten werden, um Erfolg zu haben.

METABOLIC TYPING

Auch diese Diät kann man nicht allein in Angriff nehmen. Meist mithilfe eines elektromagnetischen Diagnosegeräts werden drei Stoffwechselmerkmale untersucht: der Drüsentyp (Schilddrüse, Hypophyse, Nebenniere), das Nervensystem (beruhigender oder anregender Einfluss) und das Verbrennungstempo (Langsam- oder Schnellverbrenner).

Computergestützt werden dann Ernährungsempfehlungen mit Rezepten gegeben. Die Kosten liegen bei 250 Euro und es wird geraten, die Untersuchung regelmäßig zu wiederholen, um Stoffwechselveränderungen berücksichtigen zu können. Die verwendeten Lebensmittel folgen den üblichen Empfehlungen für gesunde Ernährung und orientieren sich an moderaten Low-Carb-Konzepten.

IMMUN- UND ALLERGIE-DIÄT

Mit dem sogenannten IgG-Test werden Immunglobuline und damit die Verträglichkeit von 180 bis 250 Lebensmitteln und Inhaltsstoffen getestet, die Auslöser des Übergewichts sein könnten. Wohlgemerkt bei Menschen, die gesund sind und bei denen bisher keine Allergien festgestellt wurden. Nach dem etwa 300 bis 500 Euro teuren Test werden vermeintlich unverträgliche Lebensmittel aussortiert und es wird mit den verbliebenen ein Ernährungsplan entworfen. Dabei kann es zu einem Defizit kommen, das dann durch Nahrungsergänzungsmittel ausgeglichen werden soll.

Wissenschaftlich ist die Wirksamkeit dieser Diät auf den Stoffwechsel nicht bewiesen. Zur Feststellung von wirklichen Nahrungsmittelallergien ist dieser Test, der von Ärzten und Heilpraktikern durchgeführt wird, nicht geeignet.

*** Der Grundumsatz ist die Energie in kcal, die Sie verbrauchen, damit alle Ihre Organe funktionieren. Dieser ist abhängig von Größe, Gewicht (aktuelles Gewicht!), Alter und Geschlecht. Rechner dafür finden Sie im Internet. Beachten Sie, dass Sie, wenn Sie abnehmen oder abgenommen haben, immer weniger kcal Grundumsatz haben! Den Grundumsatz steigern können Sie, indem Sie mehr Muskeln durch Training aufbauen. Denn diese verbrauchen im Ruhezustand mehr Energie als anderes Gewebe im Körper.*

KETOGENE ERNÄHRUNG

Der bekannteste Vertreter dieser Ernährungsform war wohl der amerikanische Arzt Dr. Robert Atkins. Bei völligem Verbot von Kohlenhydraten in der Anfangsphase wird der Organismus gezwungen, seine Fettreserven in eine Art Kohlenhydrat, die Ketonkörper, umzuwandeln. Dieser Eingriff in den Stoffwechsel ist von der Natur vorprogrammiert, um längere Hungerperioden zu überstehen.

Wenn Sie insgesamt gesund sind, wird Ihnen diese Ernährungsform nicht schaden. Ob Sie es allerdings langfristig durchhalten, an jedem Keks und jedem Stück Pizza vorbeizugehen, ist die andere Frage. Dann nämlich fällt Ihr Organismus gleich wieder in seinen ursprünglichen Modus zurück.

Was schwächt den Stoffwechsel?

ZU WENIG TRINKEN

Ihr Körper besteht zu 60 bis 70 % aus Wasser, ein Wasserverlust von nur 4 % beeinträchtigt uns bereits schwer. Wasser kommt in jeder Zelle des Körpers vor und regelt alle Stoffwechselprozesse. Das allein macht schon klar, wie dringend wir auf das Lebenselixier Wasser angewiesen sind. Wassermangel (Dehydration) lässt das Blut dickflüssiger und langsamer werden, wodurch Nährstoffe und Sauerstoff schlechter transportiert werden.
2 bis 3 l Flüssigkeit (aus Getränken und Essen) braucht der Körper täglich, um den Flüssigkeitsverlust durch Schweiß, Atem und Ausscheidungen auszugleichen. Wie viel Sie genau trinken sollen, hängt von Ihrem Körpergewicht ab: pro kg Normalgewicht*** 30 bis 40 ml

STÄNDIGE HUNGERKUREN

Möglicherweise haben Diäten mit zunächst relativ schnellem Gewichtsverlust und gefolgt vom gefürchteten Jo-Jo-Effekt Ihren Stoffwechsel völlig aus dem Gleichgewicht gebracht. Er dümpelt dann auf Sparflamme vor sich hin und macht höchstens noch »Dienst nach Vorschrift«, hält also Ihre Körperfunktionen irgendwie aufrecht.

Alle Diätversuche, bei denen die Kalorienaufnahme unter dem Grundumsatz (siehe Fußnote Seite 19) liegt, signalisieren dem Stoffwechsel Hungersnot; er reagiert darauf mit entsprechenden Sparmaßnahmen. Das heißt, er drosselt den Energieverbrauch, um in »Notzeiten« noch genügend Reserven zu haben. Auch das beliebte Intervallfasten dient nicht unbedingt als Stoffwechsel-Booster. Lassen Sie, wenn Sie intermittierend fasten, keinesfalls mehr als 18 Stunden zwischen zwei Mahlzeiten vergehen.

**** Das Normalgewicht hat nichts zu tun mit dem Wunschgewicht, von dem Sie träumen, und auch nichts mit dem gerade mal so akzeptierten Gewicht, damit Hose oder Rock nicht kneifen. Im Internet finden Sie Rechner, die Ihnen je nach Körpergröße das Normalgewicht großzügig berechnen. Das sind z. B. für eine Frau, die 174 cm groß ist, 58 bis 74 kg.*

Egal, wie Sie Ihren gewünschten Gewichtsverlust angehen, ob durch Kalorienzählen, weniger Essen, Low Fat oder Low Carb, mehr und härteres Training – das alles wird nicht nachhaltig sein, wenn Ihr Stoffwechsel gestört ist. Manchmal können solche Maßnahmen sogar das genaue Gegenteil bewirken: ständiger Hunger, Verlangsamung des Stoffwechsels, der Blutzuckerspiegel steigt und die Hormone fangen an, verrückt zu spielen. Deshalb ist es das erste Gebot, den Stoffwechsel durch gute Ernährung wieder in Balance zu bringen oder ihn gar nicht erst entgleisen zu lassen.

SNACKS

Auch wenn Sie zwischen den Mahlzeiten der Hunger plagt – diesen Hunger sollten Sie aushalten! Gewöhnen Sie Ihren Organismus an vier bis sechs Stunden Pause zwischen den Mahlzeiten. Meist ist es auch gar nicht der Magen, der knurrt – es ist der Appetit, der durch die ständige Verfügbarkeit von allerlei Essbarem an jeder Ecke zur Nahrungsaufnahme verführt.

KEINE BEWEGUNG

Spätestens nach 60 Minuten Couch-Stillstand verlangsamt sich der Stoffwechsel! Nicht nur das gemütliche Sofa, auch der Bürosessel ist ein Feind des Stoffwechsels. Das heißt: mindestens einmal pro Stunde hoch, raus aus der Schonhaltung und in Bewegung kommen!

Denn gerade das Sitzen ist eine unnatürliche Haltung, die nicht nur Muskeln und Gelenke beeinträchtigt – auch der Stoffwechsel wird durch diese Haltung lahmgelegt.

ANAEROBES TRAINING

»Viel hilft viel« ist beim Trainieren nicht ganz richtig. Es kommt auf das Trainingsziel an. Wenn Sie Ihren Stoffwechsel langfristig auf Trab bringen wollen, ist mäßiges Ausdauertraining im aeroben Bereich gefragt, bei dem Ihre Zellen genügend Sauerstoff für die Verbrennung von Kohlenhydraten und Fett bekommen. Das erhöht die Zahl der Mitochondrien, der »Kraftwerke« in den Zellen. Diese produzieren die gesamte Energie für Gehirn und Körper: je mehr funktionierende Kraftpakete, desto leistungsfähiger!

Anaerobes Training hingegen bedeutet kurze, hohe Intensität an der Belastungsgrenze, z. B. Sprints oder Krafttraining bei hoher Belastung.

ZU WENIG SCHLAF

Was auch immer die Gründe dafür sind – Feiern, Arbeit oder Schlafprobleme –, wer zu wenig schläft, riskiert, dass der Grundumsatz (siehe Fußnote Seite 19) am nächsten Tag niedriger ist, weil der Organismus nicht regenerieren konnte.

DAUERNDER STRESS

Immer gestresst sein wirkt nicht nur negativ auf unser Nervenkostüm, sondern beeinflusst auch den Stoffwechsel. Vor allem hält Stress den Blutzuckerspiegel hoch, was wiederum viel Insulinausschüttung zur Folge hat. Die Zellen werden mit Glukose geflutet, diese wird in Fett umgewandelt und eingelagert. Gewichtszunahme vorprogrammiert.

Dazu kommt noch, dass dauerhafter Stress das Stresshormon Cortisol auf den Plan ruft. Dieses fährt den Fettstoffwechsel zurück und führt zu weiterer Gewichtszunahme – oder verhindert zumindest das Abnehmen. Schlechter Schlaf bei Stresszuständen bedingt weitere Cortisolausschüttungen – der Teufelskreis dreht sich immer schneller.

FAST FOOD

Schon fast eine Binsenweisheit: Fast Food und industriell hergestellte Mahlzeiten enthalten sehr wenig Nährstoffe, dafür aber jede Menge Geschmacksverstärker, Konservierungsstoffe, billige Fette und oft viel versteckten Zucker – all das hemmt den Stoffwechsel. Die leeren Kalorien machen nur kurz satt und wandern meist direkt in die Fettdepots – das würgt Ihren Stoffwechsel nach und nach regelrecht ab.

ALKOHOL

Abgesehen davon, dass Alkohol lustig und gesellig macht – und das nicht einmal immer –, ist er die Stoffwechselbremse schlechthin. Er macht hungrig auf Deftiges und bremst dabei auch noch den Fettabbau (weil die Leber mit seiner Verarbeitung beschäftig ist). Kalorienreich sind Bier, Wein und vor allem Hochprozentiges ohnehin. Auch wenn Alkohol in unserer Gesellschaft allgegenwärtig ist, sollte man doch nicht vergessen, dass es sich um ein Zellgift handelt, das massiv in viele Stoffwechselvorgänge eingreift. Er fördert beispielsweise die Harnsäurebildung, verwandelt Eiweiß (Muskelgewebe) in Glukose (Zucker), hemmt Wachstumshormone und damit die Zellerneuerung und steht in Verdacht, durch Stoffwechselentgleisung Krebs zu verursachen.

ZUCKER

Der Stoff, aus dem unsere süßen Träume sind, ist Gift für den Stoffwechsel. Damit ist vor allem der weiße Haushaltszucker und der versteckte Zucker in (fast) allen verarbeiteten Lebensmitteln gemeint. Die durchschnittlich aufgenommenen 60 bis 80 g Zucker pro Tag (doppelt so viel, wie von der Weltgesundheitsorganisation

empfohlen) verursachen Fettstoffwechselstörungen (auch wenn Sie gar kein Fett zu sich nehmen!), Insulinresistenz und damit Diabetes sowie Herz-Kreislauf-Erkrankungen und erhöhten Harnsäurespiegel (Gicht!).

Es ist nun nicht so, dass Sie komplett auf Zucker verzichten sollen. Der Genuss von etwas Zucker im Espresso oder in einem Stück Torte ab und zu tut der Seele gut. Der Fruchtzucker im Obst kann – vor allem beim Beerenobst – in Kauf genommen werden, da die übrigen positiven Inhaltsstoffe weit überwiegen. Das sollte aber nicht dazu führen, kiloweise Obst zu essen. 100 bis 150 g als Nachtisch bringen Ihnen schon genügend zusätzliche Vitamine und Mineralstoffe.

Fühlen Sie sich auch nicht auf der sicheren Seite, wenn Sie zu zuckerfreien Limonaden in den großen Plastikflaschen greifen. Die künstlichen Süßstoffe, die ja zunächst als Zuckerersatz einen ganz guten Eindruck machen, bewirken nämlich, dass das Verlangen nach richtigen Süßigkeiten erst recht steigt. Süßes ohne den echten Glukose-Effekt (Energiegewinnung) verwirrt aber die natürlichen Stoffwechselvorgänge. Es hat schon Gründe, warum künstliche Süßstoffe in der Tiermast eingesetzt werden.

Was stärkt den Stoffwechsel?

Damit Ihr eingeschlafener oder – schlimmer noch – entgleister Stoffwechsel wieder anfängt, richtig zu funktionieren, müssen Sie ihn in einem längeren Lernprozess an seine normalen Funktionen heranführen.

ERHOLSAMER SCHLAF

Ausreichender und guter Schlaf (etwa sieben Stunden pro Nacht) ist ein ganz wichtiger Faktor für einen funktionierenden Stoffwechsel. Während wir schlafen, passiert unglaublich viel in unserem Organismus. Unter anderem regenerieren die Muskeln, schafft das Gehirn neue Verknüpfungen und reguliert sich die Hormonproduktion. Das betrifft besonders das Insulin und die Sättigungs- und Appetithormone Leptin und Ghrelin. Im Schlaf ist auch das Immunsystem überaus aktiv, wodurch Infektionen besser bekämpft werden. Deshalb fühlen wir uns auch müde, wenn eine Erkältung oder ein grippaler Infekt nahen – unser Körper will in Ruhe sein Immunsystem starten.

Gerade der Tiefschlaf, meist innerhalb der ersten drei Stunden, ist ausschlaggebend für diese Aktivitäten.

ENTSPANNUNG

Förderlich für guten Schlaf ist sicherlich Entspannung, die Ihnen aber auch sonst gut durch den Tag helfen kann. Statt stressbedingt Süßigkeiten oder andere Snacks zu konsumieren, greifen Sie lieber zur kleinen Entspannung zwischendurch. Ein kurzer Spaziergang, eine kleine Meditation – was immer Ihnen guttut und hilft, Dinge gelassener zu sehen und etwas Abstand zu gewinnen, ist sinnvoll.

AUSGEWOGENE ERNÄHRUNG

Wir können gar nicht oft genug darauf hinweisen, dass eine Ernährung mit viel Gemüse, komplexen Kohlenhydraten und gesunden Fetten den Stoffwechsel in Balance hält. Dann erübrigen sich auch alle stressigen und letztendlich schädlichen Diäten zum Abnehmen. Welche Zutaten für eine ausgewogene Ernährung, die den Stoffwechsel unterstützt, wichtig sind, erfahren Sie ab Seite 30 im Kapitel »Die richtigen Nährstoffe und Lebensmittel«.

BEWEGUNG

Vor allem regelmäßige Aktivitäten sind extrem wichtig für den Energiestoffwechsel. Denn dieser passt seine Tätigkeit daran an, indem er mehr Sauerstoff transportiert und damit insgesamt den Turbo für den Stoffwechsel setzt. Wenn Sie der geborene Couch-Potato sind, versuchen Sie, sich mit dem Gedanken an etwas mehr Bewegung anzufreunden. Auch wenn alle anderen Maßnahmen wichtig für Ihren Stoffwechsel sind – Bewegung ist der wahre Booster!

Finden Sie eine Bewegungsart, die Ihnen Spaß macht. Es gibt viele Blogs im Internet, die sich mit Bewegung im Alltag für alle Altersgruppen beschäftigen. Da ist sicher auch das Richtige für Sie dabei!

HORMONE IN BALANCE HALTEN

Mit wenigen, aber richtigen Nährstoffen können Sie dem Körper die Grundstoffe liefern, die er für einen ausgeglichenen Hormonstoffwechsel braucht. Hormone steuern so ziemlich alle Vorgänge im Körper. Geraten sie durcheinander, merken wir das an Schlafstörungen, Gewichtszunahme, Abgeschlagenheit und unspezifischen Krankheitsbildern. Für ein hormonelles Gleichgewicht müssen Sie nicht ständig große Booster-Mengen Leinsamen, Proteine, Zimt und Brokkoli zu sich nehmen – eine ausgewogene Ernährung mit frischen Zutaten sollte genügend Bausteine liefern für Ihre Wohlfühlhormone.

Eine gewisse Vorsicht ist geboten bei Pflanzenhormonen, den sogenannten Phytoöstrogenen, wie sie z. B. in Sojaprodukten vorkommen. Zu viel davon kann schädlich sein für das gesamte Hormongefüge.

WENIG SÜSSIGKEITEN

Wenn schon Süßigkeiten oder Naschwerk, dann bitte vor 18 Uhr. Abends fährt der Stoffwechsel durch das Schlafhormon Melatonin seine Aktivitäten runter und dabei kann er die verstärkte Zufuhr von Kohlenhydraten gar nicht brauchen, denn dadurch muss das Hormon Insulin wieder ran, um die bereitgestellte Zuckerenergie zu verarbeiten. Ergebnis: Wir schlafen schwer ein, schlafen schlecht und die Reparaturwerkstatt für unsere Zellen kann nicht öffnen.

Daher abends lieber einen Sattmacher mit viel Protein, dann haben Zuckergelüste weniger Chance – alles eine Frage der Gewohnheit.

Wie kann man den Stoffwechsel zusätzlich aktivieren?

Wenn Sie möchten, dass Ihr Stoffwechsel gut arbeitet bzw. noch besser läuft, geht es darum, ihn durch die richtige Auswahl und Zusammenstellung von Nahrungsmitteln zu pushen. Viele Proteine und gleichzeitig weniger Kohlenhydrate (besonders abends) – das soll den Blutzuckerspiegel kontrollieren und damit auch Heißhungerattacken vermeiden. Ausreichend Flüssigkeit wie auch Ballaststoffe tragen zur Sättigung bei. Dazu kommen noch spezielle Fatburner, die Sie auch in der Liste »Gutes für den Stoffwechsel« unter »sehr günstig« auf Seite 40 sehen können.

REICHLICH TRINKEN

Viel Flüssigkeit den Tag über verteilt unterstützt die Verdauung und erhöht den Grundumsatz (siehe Fußnote Seite 19). Die Deutsche Gesellschaft für Ernährung empfiehlt etwa 2,7 l Flüssigkeit täglich, davon 1,5 l durch ungesüßte Getränke. Am einfachsten ist das, wenn Sie im Kühlschrank einen Krug mit frischem Wasser bereitstellen, das Sie mit ein paar Scheiben Zitrone, einigen Zweigen Minze oder ein paar Beeren aromatisiert haben. Für ganz Eilige oder für unterwegs gibt es aromatisiertes Wasser (bekannt als »infused water«) auch im Handel.

ESSEN SIE REGELMÄSSIG!

Wenn möglich, gewöhnen Sie sich an, Ihre täglichen Mahlzeiten regelmäßig zu sich zu nehmen. Essen an sich kurbelt durch den thermischen Effekt der Nahrung den Stoffwechsel an. Der thermische Effekt bedeutet die zusätzliche Energie, die erforderlich ist, um die Nährstoffe zu verdauen und zu verarbeiten (besonders hoch bei eiweißhaltigen Lebensmitteln). Dazwischen muss aber Pause sein! In diesen vier bis sechs Stunden hat der Stoffwechsel Zeit, alle Nährstoffe zu verarbeiten, bevor Nachschub kommt.

BALLASTSTOFFE

So einfach wie effektiv: Ballaststoffe vollbringen Wunder in Ihrem Darm und damit auch für Ihren Stoffwechsel. Sie finden sie praktisch in allen unverarbeiteten Lebensmitteln wie Obst und Gemüse, Hülsenfrüchten und Vollkornprodukten. Ballaststoffe bestehen aus komplexen Zuckermolekülen, sind eigentlich unverdaulich und werden nicht vom Körper aufgenommen. Trotzdem haben sie eine wichtige Funktion im Darm: Sie sorgen dafür, dass der Nahrungsbrei schneller transportiert wird und sie verlangsamen die Aufnahme von Glukose (Zucker).

Jede Art von Ballaststoffen, ob wasserlöslich oder unlöslich, ist ein Festmahl für die »guten Bakterien« im Darm, welche die Krankheitskeime zurückdrängen und unser Immunsystem stärken.

NOCH MEHR BEWEGUNG!

Im Inneren Ihrer Muskelzellen ist Ihr Stoffwechsel ständig aktiv – auch wenn Sie gemütlich sitzen oder liegen. Dann ist es doch nur logisch, dass mehr Muskeln auch den Stoffwechsel und damit den Energieverbrauch erhöhen. Mit jedem kg Muskeln mehr würde sich Ihr Grundumsatz (siehe Fußnote Seite 19) um 50 bis 70 kcal erhöhen! Und das sogar, wenn Sie schlafen!

Benutzen Sie Ihre Muskeln hingegen kaum oder gar nicht, werden sie mit der Zeit schlaff und immer weniger. Muskelschwund bringt auch die Unterstützung des Stoffwechsels zum Erliegen. Bei einer bettlägerigen Erkrankung beispielsweise können die Muskeln innerhalb von nur zwei Wochen ein Drittel ihrer Leistungsfähigkeit und Kraft verlieren.

Das sollte Ihnen schon klarmachen, dass an zumindest ein bisschen Bewegung – und das täglich! – eigentlich kein Weg vorbeiführt. Ihr Stoffwechsel dankt Ihnen schon 30 bis 60 Minuten moderates Spazierengehen, besser noch 8000 bis 10 000 Schritte täglich. Das schaffen Sie easy! Legen Sie möglichst viele Wege zu Fuß zurück, gehen Sie auf Umwegen zur Arbeit oder nach Hause und kontrollieren Sie Ihre Aktivitäten in einem Tagebuch oder mit einem Fitness-Armband, das es auch in preiswerten Ausführungen bei Discountern gibt.

Noch besser wäre natürlich, wenn Sie sich mit etwas schweißtreibenderen Aktivitäten anfreunden könnten, bei denen Atem- und Herzfrequenz gesteigert werden, wie z. B. Walking, Radfahren, Schwimmen oder Tanzen. Vielleicht gefallen Ihnen auch kleine 15-minütige Trainingseinheiten, wie sie ein TV-Sender morgens oder mittags anbietet.

FATBURNER-LEBENSMITTEL

Diese Nahrungsmittel sind eine zusätzliche Trumpfkarte, um den Stoffwechsel zu aktivieren. Bekannteste Scharfmacher, die ihm einheizen, sind Chili, Cayennepfeffer und Ingwer. Rosmarin, Kurkuma, Kaffee sowie grüner Tee regen ebenfalls die Verbrennung an, ohne gleich tatsächlich auf der Zunge zu brennen.

Zu den Stoffwechsel-Aktivatoren gehören auch Nüsse (Magnesium, Zink!), Eier, Möhren und Fisch (Bio!). Gut für den Stoffwechsel ist Molkeneiweiß, das auch Immunglobuline enthält, welche Regeneration und Darmtätigkeit fördern.

Die richtigen Nährstoffe und Lebensmittel

Etwa 50 Nährstoffe braucht Ihr Körper täglich, um den Stoffwechsel in Balance zu halten. Die Energielieferanten »Kohlenhydrate« und »Fett« sind in unserer Ernährung ohnehin reichlich vorhanden – damit gibt es keine Probleme.

Ein Defizit zeigt sich schon eher beim Proteingehalt der Mahlzeiten und bei manchen Mineralstoffen, Vitaminen und Enzymen. Dem können Sie durch ausgewogene und frische Ernährung auf jeden Fall entgegenwirken. Welche Mineralstoffe besonders wichtig sind, sehen Sie in der Tabelle »Mineralstoffe« auf den Seiten 14/15.

Die besonderen Nährstoffe, mit denen Sie Ihren Stoffwechsel noch extra aktivieren können – von Bitterstoffen bis Senföle –, worin diese enthalten sind und wie sie wirken, erfahren Sie gleich in diesem Kapitel. Die Liste »Gutes für den Stoffwechsel« auf Seite 40 zeigt Ihnen auf einen Blick die Lebensmittel, die Sie – nicht nur während Ihrer Stoffwechselkur – bevorzugen können, um Ihren Stoffwechsel täglich in Balance zu halten.

BITTERSTOFFE

Bitterstoffe sind in vielen Pflanzen zum Schutz gegen ihre Fraßfeinde enthalten.

Im Grund schützen sich die Pflanzen dadurch auch vor uns, denn Bitteres zu essen ist nicht jedermanns Sache. Aber auch in kleinen Dosen – manchen Pflanzen wie Radicchio oder Grünkohl wurde ein Übermaß weggezüchtet – sind die Bitterstoffe noch nützlich.

Chicorée, Rucola, Grapefruit, Brokkoli, Grünkohl und andere Kohlsorten sind nicht nur antioxidativ, sie sind gerade wegen ihrer Bitterstoffe auch starke Fatburner.

Für die Gallenblase sind Bitterstoffe lebenswichtig, da sie sonst keine Gallenflüssigkeit bilden kann. Zu wenig Bitterstoffe in der Ernährung führt zu Verdauungsproblemen und schwächt den Stoffwechsel.

Die Wirkung der Bitterstoffe auf unsere Verdauung erfolgt sofort in dem Moment, in dem sie unsere Zunge berühren, wo die Rezeptoren dafür sind. Die Aufnahme stimuliert dann den Magen, die Leber, die Gallenblase und die Bauchspeicheldrüse.

CAPSAICIN

Capsaicin ist der Zauberstoff, aus dem die Schärfe kommt. Wenn Sie frische Chilischoten verwenden, sollten Sie bitte vorsichtig sein und mit Chilifingern nicht an die Augen oder andere empfindliche Körperstellen kommen. Denn die Schärfe brennt nicht nur auf der Zunge, sie kann auch zu Hautreizungen führen – was Sie wahrscheinlich vom Wärmepflaster her kennen.

Scharf gewürztes Essen fördert den Stoffwechsel und das Abnehmen auf zweierlei Weise: Einerseits werden Verdauung und Stoffwechsel beschleunigt, andererseits werden Hunger- und Süßattacken unterdrückt. Der Stoff, der Cayennepfeffer und Chili scharf macht, kurbelt durch Thermogenese die Fettverbrennung an. Genau genommen wird die Verwandlung von weißem Speicherfett in braunes Energiefett aktiviert (siehe Abschnitt »Fettstoffwechsel« auf Seite 12).

Die Schärfe von Chili finden Sie gemahlen in Cayennepfeffer, Curry und orientalischen Gewürzmischungen oder als Paste z. B. in Harissa und flüssig in Tabasco.

Wir empfehlen Ihnen, sich langsam und in kleinen Dosen heranzutasten, wenn Sie scharfes Essen nicht gewöhnt sind. Auch kleine Mengen Capsaicin können schon große Wirkung entfalten.

CURCUMIN

Der leuchtend orangegelbe Farbstoff der Gelbwurz, wie die Kurkuma bei uns eigentlich heißt, gibt dem Curry seine Farbe. Curcumin ist der Wunderstoff im »indischen Gold«, dessen entzündungshemmende Wirkung wissenschaftlich nachgewiesen ist.

Die Kurkuma gilt zudem als besonders wirksam für ein starkes Immunsystem: wirksam sowohl gegen Viren als auch Bakterien. Curcumin wird auch zur Schmerzlinderung bei Rheuma eingesetzt und soll in der Krebsprävention und -therapie hilfreich sein. Die Gesundknolle ist wesentlicher Bestandteil von Curry und Senf.

Zu viel des guten gelben Pulvers kann jedoch schädlich sein. Es kann Kontraktionen auslösen, was in der Schwangerschaft gefährlich wäre. Verdünnung des Blutes wurde auch beobachtet, deshalb Vorsicht vor Operationen und wenn Sie ohnehin schon Blutverdünner einnehmen müssen. Sie müssten es allerdings schon sehr übertreiben – solange Sie nicht mit mehr als insgesamt 1 EL gemahlene Kurkuma täglich die Höchstgrenze überschreiten, droht keine Gefahr.

Wenn Sie nur ½ TL des Pulvers pro Tag in Ihre Mahlzeiten einbauen, bringen Sie Ihren Stoffwechsel auf Vordermann und begünstigen den Fettabbau. Eine einfache und schnell zubereitete Quelle für die tägliche Kurkumaration ist die »Golden Milk«. Das Rezept dafür finden Sie auf Seite 69.

Frische Kurkuma, die aussieht wie ein kleiner Ingwer, gibt es mittlerweile in den Gemüseabteilungen vieler Supermärkte. Ein »Finger« entspricht dabei etwa ½ TL des getrockneten Pulvers.

Die Aufnahme des Inhaltsstoffes Curcumin wird um ein Vielfaches erhöht, wenn Kurkuma mit Öl und schwarzem Pfeffer zubereitet wird.

FICIN

Ficin, auch als Ficain bezeichnet, ist ein Enzym, das in frischen Feigen vorkommt. Es ist verwandt mit den Enzymen Papain aus der Papaya und Bromelain aus der Ananas. Sie alle fördern die Verdauung, indem sie das Nahrungseiweiß aufspalten.

Die säurearmen Feigen enthalten außerdem viele Ballaststoffe und liefern Vitamin A und B, was besonders gut für das Gleichgewicht des Stoffwechsels ist. Die Liste der Mineralstoffe und Spurenelemente, die in Feigen stoffwechselwirksam sind, ist lang. Und noch eine gute Eigenschaft: Auch in getrocknetem Zustand bleiben die Inhaltsstoffe weitgehend erhalten.

Frische Feigen gelten als Superfood, das in den Sommermonaten, etwa ab Mitte August, aus dem Mittelmeerraum zu uns kommt. Dann sind die reifen Früchte besonders aromatisch, lecker und

sollten schnell auf den Speiseplan – pur, als Smoothie oder in einem erfrischenden Salat.

PEKTIN

Pektin ist ein Ballaststoff, der in größeren Mengen in den Schalen z. B. von Äpfeln, Birnen, Quitten, Roten Johannisbeeren und Zuckerrüben enthalten ist. Er regt die Verdauung – und da besonders die Fettverdauung – an. Pektin wirkt auch auf natürliche Weise entgiftend und senkt den Cholesterinspiegel. Bekannt ist es vor allem als pflanzliches Geliermittel und wird häufig zum Einkochen von Marmeladen verwendet (Packungsanleitung beachten). Die besonders hohe Ballaststoffdichte ist ein Festschmaus für die nützlichen Darmbakterien, die aus dem Pektin Energie gewinnen.

Verwendet wird der Quell- und Gelierstoff, der nicht künstlich zusammengebaut werden kann, auch in der Lebensmittelindustrie unter der Kennzeichnung E 440 zur Herstellung von Marmeladen, Soßen und veganen Produkten. Sie können Pektin auch noch mehr in Ihrer Küche einsetzen – es gibt das Pulver in den Backabteilungen der Super- und Biomärkte. Versuchen Sie z. B. mal den kleinen Jelly-Shot von Seite 184.

PIPERIN

Der Stoff, der Pfeffer scharf macht. Man weiß noch nicht so recht warum, aber Piperin soll Fettzellen darin hindern, weiter Fett aufzunehmen – wahrscheinlich, weil es auf die Aktivität verschiedener Gene einwirkt. Das hat Pfeffer den Ruf eines erstklassigen Schlankmachers eingetragen. Allgemein richtig ist, dass alles Scharfe die Thermogenese aktiviert: Der Körper erwärmt sich (oder erhitzt sich, je nachdem, wie scharf Sie essen) und muss dafür Energie aus dem eingelagerten Fett verbrennen. »Frostbeulen« können sich die Schärfe, die von innen wärmt, wunderbar zunutze machen.

Auf jeden Fall ist erwiesen, dass Pfeffer – wie andere scharfe Gewürze auch – den Fettstoffwechsel antreibt. In der indischen Küche ist schon von alters her bekannt, dass Pfeffer entzündungshemmend und immunstärkend wirkt. Daher auch seine vielfältige Anwendung in der ayurvedischen Medizin. Hierzulande schätzen wir die wärmende Wirkung des Scharfmachers in Rheuma- und Entspannungssalben.

PROTEINE

0,8 g Proteine pro kg Körpergewicht täglich werden von der Deutschen Gesellschaft für Ernährung empfohlen. Sportler und Senioren haben einen etwas höheren Bedarf, ca. 1 g pro kg Körpergewicht. Dieser Wert wird meist weit unterschritten. Das liegt einerseits an der stärkeren Verbreitung vegetarischer und veganer Ernährungskonzepte, andererseits daran, dass Fertiggerichte oder Kantinenessen eher die preiswerteren Zutaten –billiges Fett und stopfende Kohlenhydrate – enthalten. Proteine aber sind die lebenswichtigen Bausteine für alle Zellen, Hormone und Enzyme. Ohne sie fehlt das Transportsystem für Vitamine, Spurenelemente und Sauerstoff im Blut. Auch das Immunsystem ist zum Bau von Antikörpern dringend auf sie angewiesen. Ausreichend Eiweiß ist also unverzichtbar für den Stoffwechsel, und da es nicht gespeichert werden kann, muss es täglich gegessen werden. Versuchen Sie, zumindest in der Zeit der 14-tägigen Stoffwechselkur, auf Ihre tägliche Proteinration zu kommen

– entscheiden Sie selbst, ob aus tierischer oder pflanzlicher Herkunft. Hilfreich, wenn der Proteingehalt der Gerichte nicht ausreicht, ist der Sportler-Geheimtipp: Quark oder Hüttenkäse – pur, mit ein bisschen Beerenobst, Kräutern oder scharf mit Chili.

Fisch, wie Kabeljau, Schellfisch oder Lachs, weist besonders leicht verdauliches und verwertbares Eiweiß auf. Daneben auch reichlich Omega-3-Fettsäuren, die entzündungshemmend wirken. Enthalten auch in Konserven – aber ohne Schnickschnack, sondern nature oder im eigenen Saft.

Fleisch und Geflügel sind ebenfalls gute Eiweißlieferanten. Achten Sie aber bitte auf Fleisch zumindest aus artgerechter Tierhaltung. Dies wirkt sich zwar nicht so stark auf die Verträglichkeit des Proteins aus, jedoch sehr auf die Fettzusammensetzung und damit auf den gesundheitlichen Wert und natürlich auch auf das Tierwohl.

Eier und Milchprodukte sind auch für Vegetarier akzeptable Eiweißquellen.

Hülsenfrüchte, also Bohnen, Linsen, Kichererbsen und auch Tofu, sind die besten pflanzlichen Eiweißlieferanten; daneben noch Kürbis- und Sonnenblumenkerne, Haferflocken und Vollkornprodukte. Auch grünes Gemüse enthält pflanzliche Proteine und sollte – nicht nur – bei fleischloser Ernährung täglich mit auf den Tisch.

Wenn Sie über Ihre Ernährung nicht genügend Proteine zu sich nehmen, können Sie ergänzend zu Shakes auf Molke- oder Buttermilchbasis greifen (Rezeptvorschläge dazu ab Seite 72).

Proteingehalt in g pro 100 g Lebensmittel	
Amaranth	14,4
Bohnen, weiß, roh	21,1
brauner Reis	7,4
Brokkoli	2,8
Buchweizen, roh	9,0
Cashewkerne	17,0
Chiasamen	16,5
Ei, ganz	12,9
Eier, Rührei	12,0
Erbsen, gepalt, roh	22,9
Erdnüsse, ungesalzen	25,3
Garnelen	18,6
Gouda, Edamer	25,0
Haferflocken	12,5
Haferkleie	18,9
Hähnchenbrust	22,1
Harzer Käse	27,0
Haselnüsse	12,0
Heilbutt	20,1
Hirse, roh	11,0

Proteingehalt in g pro 100 g Lebensmittel	
Hähnchen	19,9
Kabeljau	17,7
Kartoffeln	2,0
Kichererbsen, gekocht	9,0
Kichererbsen, roh	19,0
körniger Frischkäse	12,7
Kürbiskerne	24,4
Lachsfilet	19,0
Lammfilet	20,4
Leinsamen	24,4
Linsen, roh	23,5
Mandeln	22,0
Milch, Sojadrink	ca. 4,0
Molke	0,9
Molkenpulver	11,6
Naturjoghurt	4,4
Parmesan	36,0
Putenbrust	24,1
Putenbrust, Aufschnitt	23,0
Quark	13,0
Quinoa, roh	12,5
Rindersteak, mager	21,9
Schweinefilet	21,5
Seelachs	18,3
Sesamsamen	18,0
Sonnenblumenkerne	22,5
Spinat	2,9
Thunfisch, Konserve natur	22,9
Tofu	bis zu 16,0

SULFORAPHAN

Der sekundäre Pflanzenstoff ist unter der Bezeichnung Senföl wahrscheinlich geläufiger. Er kommt aber nicht nur im Senf selbst vor, sondern reichlich auch in Kreuzblütengewächsen wie Brokkoli und Brokkolisprossen, Rosenkohl, Blumenkohl oder Radieschen. Senföle sind eine Wohltat für die Leber, tragen zur Entgiftung bei und fördern dadurch in besonderem Maße den Zellstoffwechsel. Gleichzeitig wirken sie gegen Bakterien und Viren sowie entzündungshemmend.

Das Gemüse jedoch nicht in Wasser kochen – es sei denn, Sie verwenden das Wasser zum Beispiel in Suppen mit. Ansonsten in einem Dampfgareinsatz dämpfen, sonst landen die Senföle und andere Inhaltsstoffe im Ausguss. Probieren Sie mal Brokkolisprossen (am besten selbst gezogen) – sie haben einen zehnmal höheren Wirkstoffgehalt und schmecken auch roh!

Stoffwechsel-Turbo

Es gibt einige Lebensmittel, mit denen Sie praktisch aus jeder Mahlzeit einen Stoffwechsel-Turbo machen können, was nicht heißen soll, dass Ihr Stoffwechsel dann auf Hochtouren läuft, sondern dass er die Unterstützung bekommt, die er braucht, um »wie geschmiert« zu funktionieren. Sie können z. B. mit Apfelessig im Salat, dunkler Schokolade und Zimt über Ihrem Müsli oder ein paar Tropfen Leinöl in Suppe oder Eintöpfen bei regelmäßiger Anwendung gute Erfolge erzielen.

GRÜNER TEE

Gilt nicht nur als Lebenselixier, ihm wird auch eine thermogene Wirkung nachgesagt. Das heißt, er heizt den Fettdepots ein und kurbelt den Stoffwechsel an. Über 200 sekundäre Pflanzenstoffe sind in grünem Tee nachgewiesen. Mehrere Tassen pro Tag sind kein Problem, da er nur ein Viertel des Koffeingehalts von schwarzem Tee aufweist. Grüner Tee enthält außerdem Zink, welches antibakteriell wirkt, und den Gerbstoff Tannin, der unsere Zellen nicht so schnell altern lässt.

Schnell und vielseitig verwendbar ist Matcha, der pulverisierte grüne Tee. Nur mit Wasser aufgegossen ist das quietschgrüne Getränke etwas gewöhnungsbedürftig, jedoch absolut hip – nicht nur bei Hipstern. Matcha-Latte (Rezept siehe Seite 50) kann mit Milch, Soja- oder Mandeldrink zubereitet werden – ganz ohne Teezeremonie. Zur Anreicherung Ihrer grünen Smoothies können Sie ½ TL Matcha-Pulver einrühren.

Sie bekommen Matcha in Teegeschäften, Reformhäusern und Bioläden. Die aufwendige Herstellung macht das Pulver eher kostspielig. Bei billigen Versionen ist allerdings Vorsicht geboten – die wertvollen Inhaltsstoffe könnten fehlen. Nach dem Öffnen der Packung am besten im Kühlschrank aufbewahren.

KAKAO UND DUNKLE SCHOKOLADE

Die Bioflavonoide der Früchte des Kakaobaums (Epicatechin und Catechin) schützen die Blutgefäße und reduzieren das Risiko von Herz-Kreislauf-Erkrankungen. Epicatechin stärkt zudem das Gedächtnis und wirkt auf den Insulinstoffwechsel. Diese Flavonoide sind auch in Trauben, Äpfeln und grünem Tee vorhanden.

Schwach entöltes Kakaopulver enthält mehr als 500 mg Magnesium pro 100 g. Als Trinkschokolade oder als Zugabe im Smoothie können Sie so schon einen Teil Ihres Tagesbedarfs (300 bis 400 mg bei Erwachsenen, je nach Alter und Tätigkeit) decken.

Erhalten bleiben die wertvollen Stoffe, wenn die Kakaobohnen nicht geröstet, sondern sanft, nicht heißer als 42 °C fermentiert werden. Unter der Bezeichnung »Rohkostqualität« finden Sie solchen schonend behandelten Kakao im Handel.

Die gesundheitliche Wirkung reiner Schokolade ist so hoch, dass man darauf nicht ganz verzichten sollte. Dunkle Schokolade beinhaltet gleich viel Polyphenole wie grüner Tee und zweimal so viel wie Rotwein. Wenn Sie also Schokolade mit mindestens 70 % Kakaogehalt in kleinen Mengen genießen, brauchen Sie kein schlechtes Gewissen zu haben.

ZIMT

Das braune Pulver war einmal wertvoller als Gold und galt als Heilmittel. Das Gewürz ist eigentlich viel zu schade, um nur ins Weihnachtsgebäck oder auf den Punsch zu kommen. Eine seiner bedeutenden Eigenschaften: Es senkt den Blutzuckerspiegel und fördert gleichzeitig den Fettabbau. Zudem ist Zimt ein wärmendes Gewürz. Seine Hitzeentwicklung (Thermogenese) regt den Stoffwechsel an und verbraucht Kalorien. Das kräftige Aroma unterdrückt Heißhunger auf Süßes.

Orientalische Gewürzmischungen enthalten immer auch ein wenig Zimt. Sie können allen Gerichten mit Kurkuma auch 1 Msp. davon zufügen. Zimt passt zudem aufs Müsli, in Smoothies, zu kräftigem Gemüse wie Kohl und zu Schokolade sowieso.

Mehr als ½ TL pro Tag sollten es vorsichtshalber nicht sein: Das enthaltene Cumarin soll in höheren Konzentrationen nämlich zu Leber- und Nierenschäden führen. Achten Sie auch auf die Qualität des Zimts, denn bisweilen wird das Pulver mit Gewürznelkenstielen, Kakaoschalen oder Ähnlichem gestreckt – dann hat es geringere Wirkung. Ceylon-Zimt ist heller und feiner im Aroma (auch teurer) als Cassia-Zimt aus China und Indonesien. Beide können Sie in Bio-Qualität kaufen.

LEINÖL UND -SAMEN

Leinöl hat einen besonders hohen Anteil an Omega-3-Fettsäuren. Etwa 60 % mehr als fette Meeresfische, deren Verzehr wegen Überfischung und Verschmutzung der Meere immer bedenklicher wird. Leinöl – wie auch Leinsamen – ist ziemlich

unschlagbar in seiner gesundheitlichen Wirkung: Vitamine A, B, D, E, dazu Calcium, Eisen, Magnesium, Phosphor, Kupfer, Natrium, Zink und Jod. Alles eine Wohltat für Ihren Stoffwechsel!

Allerdings ist es sehr empfindlich. Die Inhaltsstoffe gehen beim Erhitzen verloren und es würde zudem bitter werden. Am besten bewahren Sie Leinöl im Kühlschrank auf und verbrauchen es nach dem Öffnen rasch, denn es wird leicht ranzig. Zum Glück gibt es Leinöl in 250-ml-Flaschen zu kaufen, da ist die Gefahr, dass es verdirbt, bevor Sie es aufgebraucht haben, geringer.

Leinöl mit seinem nussigen Geschmack können Sie über gedämpftes Gemüse träufeln, es eignet sich für Salatsoßen und macht Ihre grünen Smoothies zu richtigen Stoffwechsel-Boostern.

Leinsamen, die ganz oben auf der Liste der heimischen Superfoods stehen, gibt es als gelbe oder brauner Körnchen, als Schrot und Mehl. Ihre Ballaststoffe bringen die Verdauung in Schwung und machen lange satt. Lecithin, B-Vitamine und ein hoher Eiweißgehalt – alles gut für die Zellerneuerung. Vorsichtshalber jedoch nicht mehr als 2 EL pro Tag: Spuren von Blausäure könnten bedenklich werden, es sei denn, Sie lassen Leinsamen vor der Verwendung in heißem Wasser quellen.

APFELESSIG

Das gute alte Hausmittel Apfelessig! Hippokrates und Hildegard von Bingen empfahlen ihn schon für die Hausapotheke. Er regt nicht nur die Verdauung und damit den Stoffwechsel an, sondern reguliert auch den Blutzucker- und Cholesterinspiegel und den Säure-Basen-Haushalt. Apfelessig enthält Enzyme und alle Mineralstoffe, Spurenelemente und die Vitamine A und B3 der Äpfel – vorausgesetzt, Sie achten auf Bio-Qualität und den Zusatz »naturtrüb«. Apfelessig schmeckt milder als andere Essigsorten. Sein fruchtiger Geschmack kommt in Gemüse-Smoothies und Salat gut zur Geltung – so können Sie ihn nebenbei in Ihre Ernährung einbauen.

Wer, wie unsere Omas schon, seinem Organismus regelmäßig Gutes tun möchte, schlürft täglich einen Apfelessigtrunk: 1–2 EL Bio-Apfelessig naturtrüb in 120 ml aufgekochtem und auf 70 °C abgekühltem Wasser verrühren und nach Belieben mit 1 EL Honig verfeinern. Morgens auf nüchternen Magen in kleinen Schlucken trinken und zumindest 30 Minuten Pause machen, bevor Sie die Zähne putzen, und 15 Minuten, bevor Sie frühstücken. Weitere leckere Drinks mit Apfelessig finden Sie auf Seite 64 bis 67.

In der Tabelle sehen Sie, welche Lebensmittel Sie bevorzugt essen können, damit Ihr Stoffwechsel (wieder) in Schwung kommt. Darunter gibt es einige, die als »Fatburner« sehr günstig sind, sowie ein paar Kombinationen, deren Inhaltsstoffe sich gegenseitig steigern.

GUTES FÜR DEN STOFFWECHSEL

günstig	sehr günstig	Kombinationen
Äpfel	Apfelessig	Kaffee + Zimt
Auberginen	Cayennepfeffer	Quark + Beeren
Avocado	Chili	Nüsse + Beeren
Bitterschokolade	grüner Tee	Tee + Zitrone
Blumenkohl	Ingwer	Fisch + Knoblauch
Eier	Kaffee	Möhren + Leinöl
Erdbeeren	Kakao	Kurkuma + Pfeffer
Erdmandeln	Kurkuma	
Feigen	Leinöl	
Fisch	Mandeln	
Haferflocken	Molke	
Heidelbeeren	Nüsse	
Hirse	Pfeffer	
Naturjoghurt	Rosmarin	
Johannisbeeren	Zimt	
Kartoffeln		
Kohlgemüse		
Kokosöl		
Lachs		
Leinsamen		
Linsen		
Meeresfrüchte		
Möhren		
Paprika		
Radieschen		
Rucola		
Sauerkraut		
Spargel		
Spinat (frisch)		
Sprossen		
Süßkartoffeln		
Tomaten		
Zitronen		
Zuckerschoten		

14-Tage-Stoffwechselkur

Anders, als wenn Sie nur ab und zu stoffwechselaktivierende Nahrungsmittel in Ihren Speiseplan einbauen, hilft Ihnen eine zweiwöchige Stoffwechselkur, schnelle und deutliche Erfolge zu spüren. Sie werden sich fitter und leistungsfähiger fühlen, sicher auch ein paar Pfunde verlieren. Wenn Sie sich zwei Wochen lang darauf konzentrieren, Ihren Stoffwechsel wieder ins Gleichgewicht zu bringen, lernen Sie auch, welche Lebensmittel gut für Sie sind und wie sehr es Ihnen Ihr Körper dankt, wenn er mal Urlaub hat von all dem Fast Food und sonstigem Kram.

Der Plan enthält Vorschläge für Ihre Mahlzeiten mit Rezepten, die in diesem Buch enthalten sind. Sie können aber natürlich auch eigene Rezepte verwenden – wichtig ist nur, dass die in der Liste »Gutes für den Stoffwechsel« auf Seite 40 angeführten günstigen Lebensmittel in den Gerichten enthalten sind – je mehr, desto besser!

1. Woche	morgens	mittags	abends	Nährwerte gesamt	zusätzlich nach Belieben
Tag 1	Porridge mit Apfel und Walnüssen (S. 76)	Rote-Bete-Rucola-Salat mit Orange (S. 160)	Gebratene Hähnchenbrust mit Paprika und Bohnen (S. 96)	1432 kcal, 91 g E, 88 g F, 69 g KH	30 g ungeschälte Mandeln
Tag 2	Chia-Pudding mit Feigen und Beeren (S. 78)	Avocados mit Thunfischsalat (S. 140) + Erdbeershake (S. 72)	Zucchininudeln mit Garnelen (S. 104) + Schokopudding mit Mandeln (S. 178)	1495 kcal, 66 g E, 85 g F, 101 g KH	Ingwer-Limonade (S. 68)
Tag 3	Porridge mit Apfel und Walnüssen (S. 76) + 1 Matcha-Muffin (S. 172)	Lauchcreme mit Cajun-Garnelen (S. 148) + Macchiato mit Mandeln und Zimt (S. 60)	Kürbisragout (S. 118) + Schokopudding mit Mandeln (S. 178)	1419 kcal, 59 g E, 80 g F, 116 g KH	Apfelessig mit Ingwer und Kurkuma (S. 64)
Tag 4	Chia-Pudding mit Feigen und Beeren (S. 78) + Matcha-Latte	Sauerkraut-Puffer mit Erdmandelflocken (S. 142)	Gefüllte Hähnchenbrust mit Spinat (S. 102)	1446 kcal, 85 g E, 78 g F, 76 g KH	1 Rippe dunkle Schokolade
Tag 5	Quarkcreme mit Orangen und Walnüssen (S. 82) + Matcha-Latte (S. 50)	Lauchcreme mit Cajun-Garnelen (S. 148)	Quark-Pizza (S. 124) + Schokopudding mit Mandeln (S. 178)	1486 kcal, 78 g E, 91 g F, 70 g KH	Erdbeershake (S. 72)
Tag 6	Quinoa-Porridge mit Kakao und Leinsamen (S. 84) + Beeren-Smoothie mit Banane (S. 70)	Sauerkraut-Puffer mit Erdmandelflocken (S. 142)	Provenzalischer Fischeintopf (S. 107) + Schoko-Avocado-Creme (S. 174)	1447 kcal, 64 g E, 79 g F, 129 g KH	Radieschen-Smoothie mit Kresse (S. 52)
Tag 7	Quarkcreme mit Orangen und Walnüssen (S. 82) + Chili-Kakao (S. 62)	Lachstatar auf Sprossensalat (S. 170) + Macchiato mit Mandeln und Zimt (S. 60)	Kabeljau auf Paprikapüree mit Sprossen (S. 110) + Kokospudding mit Erdbeersoße und Pistazien (S. 176)	1476 kcal, 112 g E, 87 g F, 66 g KH	Apfelessig mit Zimt und getrockneten Äpfeln (S. 67)

2. Woche	morgens	mittags	abends	Nährwerte gesamt	zusätzlich nach Belieben
Tag 1	Erdmandel-Porridge mit Beeren (S. 94) + Macchiato mit Mandeln und Zimt (S. 60)	Erdbeer-Avocado-Salat mit Garnelen (S. 152) + Matcha-Muffin (S. 172)	Geflügelcurry mit Apfel in Kokossoße (S. 98)	1425 kcal, 62 g E, 90 g F, 75 g KH	1 Rippe dunkle Schokolade
Tag 2	Overnight Oats mit Leinsamen und Beeren (S. 80) + Chili-Kakao (S. 62)	Feigensalat mit Roter Bete und Mozzarella (S. 166)	Gebratener Lachs mit Zitronenspinat (S. 114) + Kokospudding mit Erdbeersoße und Pistazien (S. 176)	1481 kcal, 71 g E, 89 g F, 81 g KH	30 g ungeschälte Mandeln
Tag 3	Erdmandel-Porridge mit Beeren (S. 94) + Matcha-Latte (S. 50)	Lachssalat mit Rucola und Honigdressing (S. 158) + Beeren-Smoothie mit Banane (S. 70)	Zucchininudeln mit Garnelen (S. 104)	1455 kcal, 65 g E, 85 g F, 85 g KH	Schokoshake (S. 74)
Tag 4	Overnight Oats mit Leinsamen und Beeren (S. 80) + Matcha-Latte (S. 50)	Spinat-Avocado-Creme (S. 146) + Kokospudding mit Erdbeersoße und Pistazien (S. 176)	Paprikahähnchen aus dem Ofen (S. 103)	1487 kcal, 65 g E, 58 g F, 79 g KH	3 Paranüsse
Tag 5	3 Eier-Muffins (S. 90) + Geschichtete Erdbeeren mit Joghurt (S. 86)	Gefüllte Auberginen (S. 138) + Matcha-Latte (S. 50)	Provenzalischer Fischeintopf (S. 107) + Kokospudding mit Erdbeersoße und Pistazien (S. 176)	1497 kcal, 73 g E, 83 g F, 91 g KH	Erdbeershake (S. 72)
Tag 6	Omelett mit Pilzen und Ziegenkäse (S. 87) + Birnenmilch mit Zitrone und Ingwer (S. 58)	Spinat-Avocado-Creme (S. 146) + Matcha-Latte (S. 50)	Auberginenröllchen mit Käsefüllung (S. 106) + Schoko-Avocado-Creme (S. 174)	1472 kcal, 61 g E, 91 g F, 77 g KH	Rote-Bete-Smoothie mit Mandeln (S. 54)
Tag 7	Geschichtete Erdbeeren mit Joghurt (S. 86) + Macchiato mit Mandeln und Zimt (S. 60)	Ofen-Blumenkohl mit Joghurt (S. 134)	Kabeljau auf Zucchini-Feldsalat (S. 128) + Schoko-Avocado-Creme (S. 174)	1451 kcal, 71 g E, 94 g F, 73 g KH	Orangenshake (S. 74)

Allgemeine Tipps

Von diesen Tipps sollen Sie keinesfalls alle auf einmal und täglich beherzigen. Suchen Sie sich aus, was zu Ihnen passt und was Ihnen schmeckt. Was sich für Ihren Alltag eignet und leicht zur Routine wird, ist dann sicher das Richtige für Sie.

- Vor dem Frühstück ein Glas Wasser mit 1–2 EL Apfelessig trinken.
- Vor dem Frühstück ½ Zitrone in lauwarmes Wasser auspressen und dies trinken.
- Vor dem Frühstück 2 EL Naturjoghurt essen.
- Tagsüber viel Wasser (ca. 2–3 l) mit frischer Zitrone und Ingwer genießen.
- Möglichst viele Ballaststoffe in die Ernährung einbauen, z. B. Nüsse, Leinsamen und viel Gemüse.
- Obst und Gemüse vor der Zubereitung waschen. Damit schalten Sie schon eine Reihe von Giftstoffen aus, die Ihrem Stoffwechsel zu schaffen machen.
- Zum Abnehmen vor allem Lebensmittel mit hoher Nährstoffdichte bevorzugen. Das sind z. B. Getreide, Hülsenfrüchte und Obst.
- Genügend natürliches Vitamin C aufnehmen. Das ist neben Obst (jedoch Vorsicht: Zucker!) in grünem Gemüse und Paprika enthalten.
- Kalt duschen kurbelt den Stoffwechsel an. Der kurze Kältereiz regt den Körper dazu an, mehr braunes Fett zu bilden, das Ihnen beim Abnehmen hilft.
- Sport – auch noch so moderat – bringt Ihren Stoffwechsel in Schwung und baut Muskeln auf. Blogs, TV oder CDs sind voller Empfehlungen für Einsteiger – probieren Sie es aus.
- Ausdauersport – und dazu zählt auch schon flottes Spazierengehen – ist die einfachste Methode, den Stoffwechsel auf Trab zu bringen. Nutzen Sie z. B. die Mittagspause oder bewältigen Sie den Heimweg zu Fuß.
- Bewusst ohne Ablenkungen und am Tisch essen. Das entspannt und verhindert, dass Sie unachtsam zu viel verzehren.
- Aus den Augen, aus dem Sinn: Räumen Sie alles Naschwerk ganz nach hinten in den Vorratsschrank. Besser noch: keine Süßigkeiten einkaufen.
- Kleinen Vorrat an gesunden Snacks, z. B. Nüsse, Kerne, Trockenfrüchte, griechischer Joghurt, Quark oder Reiswaffeln, anlegen – alles aber nur in kleinen Mengen naschen, um die Hungerattacken zu überwinden.

Nützliche Küchentipps

GEMÜSE-SPAGHETTI

Feine Streifen aus verschiedenen Gemüsesorten sind eine gute Methode, um mehr Gemüse auf den Teller zu bekommen und Teigwaren und Kohlenhydrate (und damit auch Kalorien) einzusparen. Am bekanntesten sind die Zoodles, also »Nudeln« aus Zucchini; es eignen sich aber auch Möhren, Kohlrabi, Süßkartoffeln, Rote Bete, Pastinaken oder Petersilienwurzeln. Farbenfroh und aromatisch ist auch eine Mischung aus zwei oder mehreren Gemüsesorten. Sie können die Gemüsenudeln kurz (2–3 Minuten) in Salzwasser kochen und mit Ihrer Lieblingsspaghettisoße anrichten oder als Rohkost in einen Salat mischen.

Zur einfachen Herstellung gibt es verschiedene Hilfsmittel, z. B. ganz preiswerte Julienneschneider, eine Art gezackter Sparschäler. Günstig sind auch simple Spiralschneider zu haben, bei denen man das Gemüse in eine Art übergroßen »Bleistiftspitzer« steckt. Es gibt auch Modelle mit Kurbel zum Hand- oder Elektrobetrieb. Im Internet finden Sie jede Menge Modellvergleiche, Sie können sich auch in Haushaltswarenabteilungen beraten lassen.

DAMPFGAREINSATZ

Sie benötigen zum Dämpfen von Gemüse keinen aufwendigen und kostspieligen elektrischen Dampfgarer. Ein simpler Dampfgareinsatz, auch Dünsteinsatz, Dämpfkorb oder Gemüsedämpfer genannt, ist platzsparend und ein MUSS für schonende und gesunde Gemüsezubereitung. Solche Einsätze aus Edelstahl oder Silikon bekommen Sie in vielen Supermärkten und natürlich in den Haushaltswarenabteilungen der Kaufhäuser. Achten Sie darauf, dass der Stab in der Mitte zum Herausnehmen gut zu fassen ist. Es gibt meist zwei verschiedene Größen. Wählen Sie am besten ein Modell mit etwa 14 cm Durchmesser (im zusammengelegten Zustand) – die Einsätze passen sich den Topfgrößen an.

SMOOTHIEMAKER

Kleine, handliche Geräte, mit denen Sie zwei Portionen Smoothie schnell mixen können, gibt es schon für unter 20 Euro. Meist sind zwei verschließbare Gefäße enthalten, die jeweils auf den Motorblock geschraubt und anschließend verschlossen werden. So können Sie einen Smoothie auch zum Mitnehmen oder Aufbewahren im Kühlschrank vorbereiten.

Alternativ ist sicher auch ein Pürierstab mit einem hohen Gefäß, das bisweilen gleich mitgeliefert wird, nützlich.

LUNCHBOXEN

Besorgen Sie sich Behälter für Vorgekochtes, Übriggebliebenes oder morgens frisch Zubereitetes zum Mitnehmen. Mit einer vernünftigen Lunchbox macht das gesunde Essen aus der Dose gleich viel mehr Spaß. Weil immer mehr Menschen in der Mittagspause statt zu Fast Food zu Selbstgemachtem greifen, gibt es auch entsprechend trendige Modelle der guten alten Brotdose. Sie heißen dann schon mal Bentobox (mit Trenneinsätzen für verschiedene Bestandteile) oder sind bisweilen auch für die Mikrowelle geeignet.

Bevor Sie sich in die knallbunten Farben verlieben, achten Sie bitte auf ein paar praktische Details: Die Dose soll wirklich fest verschließbar sein, sodass sie sich beim Transport nicht öffnen und keine Flüssigkeit austreten kann. Genügt Ihnen ein großes Fach oder brauchen Sie zwei oder drei kleinere Fächer? Wenn Sie Flüssigkeiten wie Salatdressing oder einen Smoothie mitnehmen wollen, nehmen Sie vielleicht einen passenden Becher dazu – eventuell noch mit Löffelhalter.

Drinks und Smoothies

Morgens wollen die Hormone Serotonin und Adrenalin besonders gefüttert werden, um Sie gut durch den Tag zu begleiten. Wenn Sie zu den Nichtfrühstückern gehören, probieren Sie wenigstens, ob Sie einen Obst- oder Gemüse-Smoothie zu sich nehmen können, um Ihren Stoffwechsel-Turbo einzuschalten.

Spinat-Apfel-Smoothie

Für 2 Portionen

Pro Portion: 153 kcal, 3 g E, 4 g F, 29 g KH

- 50 g frischer Spinat
- 1 grüner Apfel
- 300 ml abgekühlter grüner Tee
- 15 g Cashewkerne
- 1–2 Msp. gemahlene Kurkuma
- schwarzer Pfeffer
- 1 EL Honig

1. Spinat waschen, verlesen und gut abtropfen lassen. Apfel heiß waschen, vierteln, Kerngehäuse entfernen und das Fruchtfleisch grob würfeln.
2. Spinat hacken und zusammen mit den übrigen Zutaten in einen Mixer oder Smoothiemaker geben. 30 Sekunden mixen und nach Belieben mit mehr Tee oder Wasser verdünnen.
3. In 2 Gläser füllen und genießen.

Info: Mit Apfel, Spinat, grünem Tee und Kurkuma haben Sie gleich 4 Komponenten, die Ihrem Stoffwechsel besonders guttun.

Tipp: Reste des Smoothies – und auch der anderen grünen Smoothies – können Sie einen Tag in einem gut verschließbaren Gefäß im Kühlschrank aufbewahren und vor dem Trinken noch einmal aufmixen.

Matcha-Latte

Für 1 Portion
Pro Portion mit
Kuhmilch: 132 kcal, 3 g E, 4 g F, 5 g KH
Sojadrink: 100 kcal, 8 g E, 5 g F, 2 g KH
Mandeldrink: 72 kcal, 2 g E, 7 g F, 1 g KH

½ TL Matchapulver
50 ml heißes Wasser
200 ml aufgeschäumte Milch (oder ungesüßter Soja- oder Mandeldrink)
1 Prise gemahlener Zimt

1. Matchapulver in eine große Tasse geben und das heiße Wasser dazugießen. Mit einem kleinen Schnee- oder Matchabesen verrühren, bis keine Klumpen mehr vorhanden sind.
2. Milch und Zimt in einen Topf geben, erhitzen, aufschäumen und unter Rühren mit dem Matchapulver vermischen.

Info: Thermogenese ist der Zauber, den grüner Tee und damit auch sein Pulver »Matcha« auf unseren Stoffwechsel ausüben. Die enthaltenen Catechine und Koffein erhöhen die Körperwärme (keine Angst, der Temperaturanstieg bei normalem Konsum ist nicht so hoch, dass es zu Schweißausbrüchen kommen würde), sodass Ihr Grundumsatz und damit der Kalorienverbrauch steigt.

Radieschen-Smoothie mit Kresse

Für 2 Portionen
Pro Portion: 73 kcal, 7 g E, 1 g F, 9 g KH

150 g Radieschen (geputzt gewogen)
½ Kästchen Gartenkresse
300 ml Buttermilch
Salz
1–2 EL Apfelessig (nach Belieben)

1. Radieschen putzen und waschen. Kresse abbrausen, gut trocken schütteln und mit einer Schere vom Vlies schneiden. Einige Blättchen beiseitelegen.
2. Radieschen klein schneiden und mit Buttermilch und Kresse im Smoothiemaker fein pürieren. Mit Salz – und nach Belieben Apfelessig – abschmecken.
3. In 2 Gläser füllen und mit den übrigen Kresseblättchen garniert servieren.

Info: Senföl, das in Radieschen, Brokkoli, Meerrettich, Kresse und einigen Kohlsorten enthalten ist, aktiviert Enzyme des Stoffwechsels, die für Entgiftung sorgen. Es fördert zudem die Verdauung und Durchblutung. Senföl gibt es auch kalt gepresst. Es ist für alle, die Schärfe lieben, ein kulinarisches Highlight in Salaten – allerdings nicht ganz billig.

Rote-Bete-Smoothie mit Mandeln

Für 2 Portionen
Pro Portion: 142 kcal, 5 g E, 7 g F, 16 g KH

1 kleiner Apfel
1 Stängel glatte Petersilie
150 g Rote Bete (vorgekocht und vakuumverpackt)
20 g gemahlene Mandeln
½ TL Kümmel
200 ml stilles Wasser
2 EL saure Sahne

Tipp: Um gleich morgens Ihrem Stoffwechsel Gutes zu tun, können Sie dem Smoothie noch 1–2 EL oder mehr Apfelessig zufügen.

Info: Dass Rote Bete auch als »Schlankknolle« bezeichnet wird, hat Gründe: 42 kcal pro100 g, viele Vitamine und eine geballte Ladung Mineralstoffe (viel Eisen!) nehmen Sie mit der Knolle in Ihrem Smoothie zu sich. Das Wichtigste: Die Bildung von Mitochondrien, die Kraftwerke der Zellen, wird angeregt, wodurch Fette beschleunigt verbrannt werden.

1. Den Apfel waschen, achteln und das Kerngehäuse entfernen. Die Petersilie waschen, trocken schütteln und die Blätter vom Stängel zupfen. Die Rote Bete in Würfel scheiden.
2. Apfel, Rote Bete, Mandeln, Kümmel, Wasser und Petersilie (einige Blättchen nach Belieben zur Dekoration aufheben) in den Smoothiemaker geben und etwa 1 Minute fein pürieren.
3. In 2 Gläser füllen, jeweils 1 EL saure Sahne obenauf setzen und mit den Petersilienblättchen garniert servieren.

Feigen-Mandel-Smoothie

Für 2 Portionen
Pro Portion: 132 kcal, 5 g E, 8 g F, 9 g KH

- 2 reife Feigen (à ca. 70 g)
- 20 g gemahlene Mandeln (oder Haselnüsse)
- 1–2 TL Crema di Balsamico
- 400 ml ungesüßter Mandeldrink
- stilles Mineralwasser (nach Belieben)

1. Die Feigen behutsam waschen, die Stielansätze entfernen und das Fruchtfleisch mit der Schale klein schneiden.
2. Feigen, Mandeln, 1 TL Crema di Balsamico und Mandeldrink in den Smoothiemaker geben und in 1 Minute zu einem cremigen Drink pürieren.
3. Nach Belieben noch Crema di Balsamico zugeben und mit Mineralwasser verdünnen.

Info: Frische, reife Feigen, die es ab August auch bei uns gibt, sind eine Wohltat für den Stoffwechsel. Die getrockneten Feigen sind zwar ebenfalls sehr stoffwechselwirksam und können in ihrer Soft-Variante für den Drink verwendet werden – nutzen Sie aber dennoch die Zeit, wenn frische Früchte aus dem Mittelmeerraum auf dem Markt sind. Kaufen Sie die empfindlichen Früchte nur, wenn Sie sie gleich verarbeiten oder einfach mal nur naschen möchten, denn leider verderben sie sehr schnell.

Salat-Smoothie mit Spargel und Avocado

Für 2 Portionen
Pro Portion: 284 kcal, 6 g E, 19 g F, 11 g KH

100 g grüner Spargel
75 g grüner Salat
½ Salatgurke oder
1 Gartengurke (ca. 300 g)
1 große Avocado (ca. 200 g)
½ Zitrone
400 ml ungesüßter Mandeldrink
Salz

1. Spargel schälen, die holzigen Enden abschneiden und evtl. 2 Köpfchen zum Garnieren beiseitelegen. Spargelstangen in 2 cm lange Stücke schneiden. Salat waschen, gut abtropfen lassen und in Streifen schneiden.
2. Gurke waschen und in Scheiben schneiden. Avocado längs halbieren, den Kern entfernen und das Fruchtfleisch aus der Schale heben. Die halbe Zitrone auspressen.
3. Alle Zutaten mit dem Mandeldrink in einen Mixer oder Smoothiemaker geben und in 1 Minute zu einem cremigen Drink mixen. Mit Salz und nach Belieben mehr Zitronensaft abschmecken.
4. In Gläser füllen und mit den Spargelköpfen garniert servieren.

Tipp: Solch einen »flüssigen Salat« können Sie mit beliebigen anderen Zutaten machen. Die Smoothies sind super erfrischend und auch kleine Sattmacher zum Lunch. Die für den Stoffwechsel so günstigen grünen Smoothies gäbe es auch fertig in den Kühltheken. Aber Achtung: Dieses Grün ist längst nicht so frisch und bekömmlich wie selbst gemachtes.

Birnenmilch mit Zitrone und Ingwer

Für 2 Portionen
Pro Portion: 132 kcal, 8 g E, 2 g F, 22 g KH

- 1 reife Birne (ca. 200 g)
- 1 Stück frischer Ingwer (etwa haselnussgroß)
- 1–2 TL Zitronensaft
- 1 Prise gemahlene Kurkuma
- 1 Prise schwarzer Pfeffer
- 400 ml Buttermilch (oder ungesüßter Mandeldrink)
- etwas Honig (nach Belieben)
- stilles Mineralwasser (nach Belieben)

1. Die Birne schälen, vierteln, das Kerngehäuse entfernen und das Fruchtfleisch klein schneiden. Den Ingwer schälen und sehr klein hacken.
2. Birne, Ingwer, 1 TL Zitronensaft, Kurkuma, Pfeffer und Buttermilch in den Smoothiemaker geben und in etwa 1 Minute zu einem cremigen Drink pürieren.
3. Abschmecken und nach Belieben noch mehr Zitronensaft dazugeben oder mit etwas Honig süßen. Nach Belieben mit Mineralwasser verdünnen.

Tipp: Gut verschlossen können Sie Reste der Birnenmilch einen Tag im Kühlschrank aufbewahren. Die Zitrone sorgt für Haltbarkeit.

Macchiato mit Mandeln und Zimt

Für 2 Portionen
Pro Portion: 195 kcal, 6 g E, 13 g F, 6 g KH

- 400 ml Milch (oder Mandeldrink)
- 2 EL Mandelmus
- 2 TL Honig (nach Belieben)
- ½ TL gemahlener Zimt
- 2 Tassen starker Espresso
- ½ TL Kakaopulver (Rohkostqualität)

1. Milch, Mandelmus, Honig, wenn verwendet, und Zimt mit dem Handrührgerät in einem kleinen Topf verquirlen und aufkochen lassen.
2. Auf 2 Gläser verteilen und je 1 Tasse Espresso hineingießen. Mit Kakaopulver bestreut servieren.

Tipp: Der Mandel-Macchiato schmeckt kalt mit ein paar Eiswürfeln sehr erfrischend. Einfach alle Zutaten im Mixer oder Smoothiemaker gut vermischen und im Kühlschrank aufbewahren.

Info: Mandeln schützen den Stoffwechsel und den Körper insgesamt vor zellschädigenden Einflüssen. Wenn Sie täglich ca. 50 g Mandeln in Ihre Ernährung einbauen, tun Sie eine Menge für Ihre Blutgefäße, vermeiden Heißhunger auf Süßes und regulieren Ihren Cholesterinspiegel. Mandeln entweder als Snack genießen oder über Müslis, Salate oder Gemüse streuen.

Chili-Kakao

Für 4 Portionen

Pro Portion: 138 kcal, 1 g E, 6 g F, 5 g KH

½ rote Chilischote
15 g frischer Ingwer
600 ml Milch (oder Mandeldrink)
1 Prise Salz
50 g dunkle Schokolade (mindestens 70 % Kakaoanteil)
1 EL Kakaopulver (Rohkostqualität)

1. Chili waschen, längs halbieren, Trennhäute und Kerne entfernen und das Fruchtfleisch klein hacken. Ingwer schälen und ebenfalls fein hacken.
2. Milch mit Salz, Chili und Ingwer in einem Topf langsam aufkochen und bei milder Hitze 5 Minuten köcheln lassen. Durch ein Sieb in einen zweiten Topf abgießen.
3. Schokolade hacken und zusammen mit dem Kakaopulver mithilfe eines Schneebesens in die Milch rühren. Aufkochen lassen und mit dem Schneebesen oder Stabmixer schaumig schlagen. Kakao gleich heiß trinken oder erkalten lassen und im Kühlschrank aufbewahren – schmeckt auch gut gekühlt.

Tipp: Chili-Kakao können Sie getrost auf Vorrat zubereiten, er hält sich 2–3 Tage im Kühlschrank. Sie können ihn auch aufwärmen (nicht kochen lassen!) und – wenn Sie wollen – täglich zum Frühstück genießen. Die Scharfmacher Chili und Ingwer aktivieren morgens Ihren Stoffwechsel. Die dunkle Schokolade sorgt für Sättigung und bringt Gehirn und Kreislauf in Schwung.

Stoffwechsel-Booster

Info: Apfelessig – das wusste schon Hildegard von Bingen – belebt den Stoffwechsel. Seine besondere Mineralienmischung, Spurenelemente und Vitamine liefern lebenswichtige Stoffe – und das ganz ohne Kalorien. Wer will, kann 1 EL Apfelessig in 200 ml stilles Wasser geben und das morgens (auf nüchternen Magen!) pur trinken. Für diejenigen, für die auch ein wenig Genuss dabei sein soll, gibt es hier 3 Varianten, das Stoffwechsel-Elixier zu zelebrieren.

Auch vor den Mahlzeiten regt Apfelessig sowohl Stoffwechsel als auch Verdauung an und schützt vor allem gegen Heißhunger. Die Mischungen können Sie gleich für mehrere Portionen zubereiten und in kleine Fläschchen gefüllt im Kühlschrank 1–2 Tage aufbewahren.

Zusätzliche Kalorien oder Kohlenhydrate müssen Sie nicht befürchten. Bevor Sie die Drinks zu sich nehmen, werden sie abgeseiht. Nur wenn Sie mit 1 TL Honig süßen, macht das 15 kcal und 4 g Kohlenhydrate mehr.

Apfelessig mit Ingwer und Kurkuma

Für 1 Portion

- 20 g frischer Ingwer
- 5 g frische Kurkuma
- 200 ml Wasser
- 1 EL Bio-Apfelessig
- 1 TL Honig (nach Belieben)

1. Ingwer und Kurkuma schälen und in dünne Scheiben schneiden. In eine Schüssel geben.
2. Das Wasser in einem Topf zum Kochen bringen und über Ingwer und Kurkuma gießen. Mischung etwas abkühlen lassen (zu große Hitze schadet den Inhaltsstoffen von Essig und Honig).
3. Durch ein Sieb in eine Tasse abgießen und mit Apfelessig und nach Belieben Honig verrühren. Lauwarm oder weiter abgekühlt in kleinen Schlucken genießen.

Apfelessig mit Zitrone und Petersilie

Für 1 Portion

1 Stängel glatte Petersilie
½ Bio-Zitrone
200 ml Wasser
1 EL Bio-Apfelessig
1 TL Honig (nach Belieben)

1. Petersilie waschen, trocken schütteln und in ein Einmachglas füllen. Zitrone waschen, in Scheiben schneiden und dazugeben.
2. Wasser in einem Topf aufkochen lassen, dann auf 70 °C abkühlen lassen und in das Glas gießen. Weiter auf Zimmertemperatur abkühlen lassen.
3. Durch ein Sieb in eine Tasse abgießen und mit Apfelessig und nach Belieben Honig verrühren. Lauwarm trinken oder ganz abkühlen lassen.

Apfelessig mit Zimt und getrockneten Äpfeln

Für 1 Portion

- 25 g getrocknete Apfelringe (oder ½ frischer Apfel)
- 1 Stange Zimt
- 200 ml Wasser
- 1 EL Bio-Apfelessig
- 1 TL Honig (nach Belieben)

1. Die Apfelringe halbieren (oder frischen Apfel waschen, in Spalten schneiden und das Kerngehäuse entfernen).
2. Äpfel und Zimtstange mit dem Wasser in einen Topf geben, aufkochen und anschließend etwas abkühlen lassen.
3. Durch ein Sieb in eine Tasse abgießen und mit Apfelessig und nach Belieben Honig verrühren. Lauwarm in kleinen Schlucken trinken.

Tipp: Alle 3 Drinks können Sie auf Vorrat zubereiten, einige Tage im Kühlschrank lagern und erst vor dem Genießen abseihen. Das Aroma wird dadurch intensiver und Sie haben Ihren Booster täglich griffbereit – auch zum Mitnehmen. Fläschchen für die abgeseihte Flüssigkeit (200–250 ml) bekommen Sie in Haushaltswarenabteilungen von Kaufhäusern und Supermärkten.

Ingwer-Limonade

Für ca. 1 l
Pro Portion (200 ml): 22 kcal, 3 g E, 2 g F, 4 g KH

- 15 g frischer Ingwer
- 5 g frische Kurkuma
- 1 l Wasser
- 1 Prise schwarzer Pfeffer
- 1 Orange

1. Ingwer und Kurkuma schälen und in dünne Scheiben schneiden.
2. Wasser in einem Topf aufkochen lassen, Ingwer, Kurkuma und Pfeffer hineingeben und zugedeckt 20 Minuten auf kleinster Flamme ziehen lassen.
3. Die Orange auspressen.
4. Flüssigkeit durch ein Sieb in einen Behälter abgießen. Die Ingwer- und Kurkumastücke aus dem Sieb mit dem Orangensaft im Mixer oder Smoothiemaker in 30–40 Sekunden cremig mixen.
5. Die Mischung in das heiße Wasser im Behälter geben, verrühren und gleich heiß trinken. Oder abkühlen lassen und in einem Krug oder einer Flasche im Kühlschrank aufbewahren. Nach Belieben mit oder ohne Eiswürfel als Limonade trinken. Hält sich ungefähr 1 Woche.

Info: Jamu heißt diese Limonade, die in Indonesie überall getrunken wird. Die Limo kann man auch mit Zitrone, Grapefruit oder einem Zitrusfrüchte-Gemisch zubereiten. Zusätzlich passen Gewürze wie Koriander, Zimt oder Chili, die Ihrem Stoffwechsel guttun.

Golden Milk

Für 2 Portionen
Pro Portion: 181 kcal, 9 g E, 9 g F, 17 g KH

- 15 g frischer Ingwer
- 1 Kardamomkapsel (nach Belieben)
- 500 ml Milch (oder ungesüßter Soja- oder Mandeldrink)
- 1 Prise schwarzer Pfeffer
- ¼ TL gemahlene Kurkuma
- ½ Stange Zimt
- 1 Sternanis
- 2 TL Honig

1. Ingwer schälen und fein reiben; ggf. Kardamomkapsel öffnen und die Samen mit der flachen Seite eines Messers zerdrücken.
2. Milch mit Pfeffer, Ingwer, evtl. Kardamom, Kurkuma, Zimt und Sternanis in einem kleinen Topf aufkochen lassen und anschließend bei geringer Hitze 3 Minuten sanft köcheln lassen.
3. Mischung etwas abkühlen lassen, dann den Honig einrühren. Durch ein Sieb in 2 Tassen gießen und in kleinen Schlucken genießen.

Tipp: Wenn es mal schnell gehen soll – es gibt die Gewürzmischung »Golden Milk« oder »Goldene Milch« fix und fertig zu kaufen. Milch erhitzen, Mischung einrühren – fertig!

Beeren-Smoothie mit Banane

Für 2 Portionen
Pro Portion: 298 kcal, 11 g E, 16 g F, 27 g KH

- 200 g Heidelbeeren (oder andere Beeren)
- 1 Banane
- 30 g gemahlene Mandeln
- 300 ml Milch (oder Mandeldrink)
- 2 TL Chiasamen

1. Beeren behutsam waschen und verlesen. Banane schälen und klein schneiden.
2. Obst, Mandeln und Milch in den Mixer oder Smoothiemaker geben und zu einem cremigen Drink mixen.
3. In 2 Gläser füllen, Chiasamen einrühren und servieren.

Info: Chiasamen sind – wie alle anderen Samen auch – Wunderperlen zur Stoffwechselaktivierung! Die unscheinbaren dunklen oder hellen Kügelchen galten schon bei den Maya als Heilmittel. Das Superfood enthält hochwertige Proteine und wertvolle Omega-3-Fettsäuren, außerdem viel Calcium, Eisen, Zink, Magnesium und Selen.
Die Samen passen gut über einen Salat, in Puddings oder Nuss-Müslis. Viel Wasser dazu trinken, dann quellen sie im Magen-Darm-Trakt und machen lange satt.
Falls Sie mal Marmelade machen möchten: In Flüssigkeit quellen Chiasamen zu einer Art Gelee auf und sind so eine gesunde Alternative zu Gelierzucker.

Molke-Shakes

Info: Molkeneiweiß oder Molkenprotein ist ein super Stoffwechsel-Treiber! Die biologische Wertigkeit des Proteins in Molke ist mit 110 angegeben (zugrunde gelegt ist das Hühnerei mit der Wertigkeit 100) – d. h., der Körper kann das enthaltene Eiweiß besonders gut aufnehmen und verwerten. Molke entsteht bei der Käseherstellung aus geronnener Milch. Der Proteinanteil ist mit 0,6 % nicht besonders hoch, sie glänzt aber mit 7 wichtigen Aminosäuren, darunter so bekannten und wichtigen wie Lysin, Methionin und Tryptophan. Zwar sind die Drogerie-Regale für Nahrungsergänzungsmittel voll von Eiweißshakes aller Art, dabei geht es doch viel einfacher und preiswerter: statt Pulver anzurühren, einfach Molke aus dem Bio-Supermarkt oder Reformhaus (früher gab es Molke auch im normalen Supermarkt) mit ein paar Früchten in den Mixer geben und fertig ist der kalorienarme, erfrischende Shake!

Erdbeershake

Für 1 Portion
Pro Portion: 127 kcal, 3 g E, 0 g F, 30 g KH

- 100 g Erdbeeren
- 200 ml Molke
- ½ TL Kakaopulver (Rohkostqualität, nach Belieben)
- 1 Prise gemahlener Zimt

1. Die Erdbeeren vorsichtig waschen, Stiele entfernen und die Früchte etwas zerkleinern.
2. In einen Smoothiemaker geben, Molke, Kakao und Zimt zufügen und etwa 30 Sekunden pürieren. (Alternativ in einem hohen Gefäß mit dem Stabmixer pürieren.)

Tipp: Sie können natürlich auch andere Beerensorten verwenden, z. B. Heidelbeeren. Bei den Nährwerten ändert sich wenig – für 1 Portion: 132 kcal, 3 g E, 1 g F, 30 g KH.

Orangenshake

Für 1 Portion

Pro Portion: 134 kcal, 3 g E, 0 g F, 29 g KH

- 1 Orange (ca. 100 ml Saft + Fruchtfleisch)
- 150 ml Molke
- 1 Prise gemahlene Kurkuma

1. Die Orange auspressen. Saft und möglichst viel Fruchtfleisch, das in der Zitruspresse geblieben ist, in einen Smoothiemaker geben.
2. Molke und Kurkuma dazugeben und etwa 30 Sekunden pürieren. (Alternativ in einem hohen Gefäß mit dem Stabmixer pürieren.)

Schokoshake

Für 1 Portion

Pro Portion: 132 kcal, 3 g E, 1 g F, 30 g KH

- 1 TL Kakaopulver (Rohkostqualität)
- 200 ml Molke
- 1 Prise gemahlener Zimt
- 10 g dunkle Schokolade (mindestens 70 % Kakaoanteil)

1. Kakao, Molke und Zimt in einen Smoothiemaker geben und 45 Sekunden mixen, bis der Kakao vollständig aufgelöst ist. (Alternativ in einem hohen Gefäß mit dem Stabmixer pürieren).
2. Schokolade fein raspeln und auf den Shake streuen.

Frühstück

Porridge mit Apfel und Walnüssen

Für 2 Portionen
Pro Portion: 348 kcal, 21 g E, 17 g F, 36 g KH

2 EL Leinsamenschrot
30 g gemahlene Walnusskerne
60 g Haferflocken
1 Msp. gemahlene Kurkuma
200 ml Wasser
100 ml Milch (oder ungesüßter Mandeldrink)
½ TL gemahlener Zimt
flüssiger Süßstoff oder Zuckerersatz (nach Belieben)
2 kleine Äpfel
100 g Heidelbeeren (oder andere Beeren der Saison)
4 Walnusshälften

1. Leinsamen, gemahlene Walnüsse, Haferflocken und Kurkuma mit Wasser und Milch in einen kleinen Topf geben, aufkochen lassen und 15 Minuten bei geringer Hitze quellen lassen.
2. Den Zimt und nach Belieben Süßstoff unterrühren.
3. Die Äpfel heiß waschen, vierteln, das Gehäuse entfernen und die Früchte in dünne Spalten schneiden. Heidelbeeren in ein Sieb geben, verlesen, abbrausen und gut abtropfen lassen.
4. Den Porridge in tiefe Teller füllen und mit den Apfelspalten, Heidelbeeren und den Walnusshälften belegt servieren.

Tipp: Porridge können Sie im Kühlschrank gut 2–3 Tage aufbewahren und dann mit Früchten nach Belieben belegen.

Info: Porridge (auf Deutsch: Haferbrei) ist seit Längerem das neue Müsli. Ursprünglich kommt er aus Schottland, wo er nicht nur zum Frühstück, sondern auch zu den anderen Mahlzeiten mit verschiedenen Beilagen gegessen wurde. Mittlerweile gibt es Porridge auch bei uns als Fertigprodukt in Supermärkten und Bioläden. Die enthaltenen Ballaststoffe sind gut für Ihre Verdauung, machen lang anhaltend satt und regulieren den Blutzuckerspiegel.

Chia-Pudding mit Feigen und Beeren

Für 2 Portionen
Pro Portion: 376 kcal, 13 g E, 22 g F, 26 g KH

300 ml Milch (oder ungesüßter Mandel- oder Kokosdrink)
1 Prise Salz
50 g Chiasamen
25 g Kokosflocken
2 frische Feigen
100 g Beeren der Saison

1. Milch mit Salz, Chiasamen und Kokosflocken in einer Schüssel vermischen. Gut verrühren, damit die kleinen Kügelchen nicht zusammenklumpen.
2. In 2 Gläser oder kleine Schüsseln umfüllen und gekühlt mindestens 30 Minuten – besser über Nacht – quellen lassen.
3. Vor dem Servieren die Feigen behutsam waschen, die Stielansätze entfernen und das Fruchtfleisch in Spalten schneiden.
4. Beeren vorsichtig waschen, verlesen, gut abtropfen lassen und mit den Feigen auf den Pudding geben.

Info: Das Enzym Ficin in Feigen fördert die Verdauung und unterstützt den Aufbau der Muskeln. Darüber hinaus tun Feigen in vielerlei Hinsicht gut: Vitamin E schützt, Eisen bildet Blut, Kalium stärkt das Herz und Zink macht Haut und Haare schön.
Die CO_2-Bilanz von Feigen ist trotz ihres Transports noch recht gut. Besser wird sie, wenn Sie in Ihrem Garten an einem windgeschützten, sonnigen Ort ein Feigenbäumchen pflanzen – es gibt mittlerweile winterharte Sorten, die nicht nur in der Pfalz gedeihen.

Overnight Oats mit Leinsamen und Beeren

Für 2 Portionen
Pro Portion: 331 kcal, 16 g E, 11 g F, 37 g KH

- 200 g Heidelbeeren (oder Brombeeren)
- 80 g Haferflocken
- 200 ml Milch
- 75 g Quark (20 % Fett)
- 2 EL Leinsamen

1. Die Beeren in ein Sieb geben, verlesen, abbrausen und gut abtropfen lassen. 50 g Beeren auf 2 verschließbare Einmachgläser (ca. 300 ml Fassungsvermögen) verteilen und mit einem Löffel zerdrücken.
2. Haferflocken, Milch, Quark und Leinsamen dazugeben und verrühren. Die restlichen Beeren obenauf verteilen.
3. Gläser gut verschließen und bis zum Morgen im Kühlschrank aufbewahren.

Tipp: Overnight Oats sind ein ideales Frühstück für alle, die es morgens eilig haben und lieber unterwegs frühstücken. Sie können alles abends vorbereiten und brauchen die Gläser nur noch aus dem Kühlschrank nehmen. Die Haferflocken können Sie auch mal mit anderen Beeren oder Obst toppen und nach Belieben noch Nüsse oder Kerne darüberstreuen.

Info: Milch und Milchprodukte enthalten hochwertiges Eiweiß, sind reich an Vitaminen und Mineralstoffen, z. B. Kalzium, Phosphor und Jod.
Ziegen- und Schafmilch sind für die Verdauung bekömmlicher und weisen noch mehr Proteine und Linolsäure (super für die Haut!) auf. Wenn Sie an Laktoseintoleranz leiden, nehmen Sie einfach ungesüßten Mandel- oder Sojadrink.

Quarkcreme mit Orangen und Walnüssen

Für 2 Portionen
Pro Portion: 334 kcal, 18 g E, 18 g F, 24 g KH

50 g Walnusskerne
2 kleine Bio-Orangen
250 g Quark (20 % Fett)
50 ml Mineralwasser mit Kohlensäure
1 EL Honig
1 Prise Salz
etwas gemahlener Zimt (nach Belieben)

1. Die Walnusshälften etwas zerkleinern und in einer beschichteten Pfanne ohne Fett rösten, bis sie duften. Herausnehmen und beiseitestellen.
2. 1 Orange heiß waschen, abtrocknen und 1 TL Schale fein abraspeln. Beide Orangen so schälen, dass kaum noch weiße Haut daran ist, dann in Scheiben oder Spalten schneiden.
3. Quark in einer Schüssel mit Mineralwasser, Honig, Orangenabrieb und Salz glatt rühren. Creme auf 2 Schüsseln verteilen, mit Orangen und Walnüssen belegen und nach Belieben mit Zimt bestreuen.

Info: Blutorangen sind hauptsächlich im Januar auf unseren Märkten zu finden. Sie gelten als extrastärkend für das Immunsystem. Der besonders hohe Anteil an Pflanzenfarbstoffen begünstigt außerdem den Stoffwechsel.
Es sieht zwar viel schöner aus, wenn Sie die weiße Haut der Orangen entfernen, und schmeckt auch mehr nach Orange – gerade in der Haut aber sind viele der nützlichen Inhaltsstoffe, daher nach Möglichkeit ab und zu etwas dranlassen.

Quinoa-Porridge mit Kakao und Leinsamen

Für 1 Portion
Pro Portion: 383 kcal, 13 g E, 22 g F, 42 g KH

1 Vanilleschote
70 g bunte rohe Quinoa
1 EL Leinsamen
300 ml Milch (oder ungesüßter Mandeldrink)
100 g Heidelbeeren
1 Banane
30 g Walnusskerne
2 TL Kakaopulver (Rohkostqualität)

1. Die Vanilleschote längs halbieren und das Mark herauskratzen. Quinoa in ein Sieb geben und heiß abbrausen.
2. Vanillemark und -schote, Leinsamen, Quinoa und Milch in einem kleinen Topf zum Kochen bringen. Anschließend 15 Minuten zugedeckt bei geringer Hitze quellen lassen, bis ein Großteil der Flüssigkeit aufgesogen ist.
3. Die Heidelbeeren in ein Sieb geben, verlesen, abbrausen und gut abtropfen lassen. Die Banane schälen und in Scheiben schneiden.
4. Die Walnüsse grob hacken und in einer beschichteten Pfanne ohne Fett anrösten.
5. Die Vanilleschote entfernen. Den Porridge in eine Schüssel oder tiefen Teller füllen und mit Walnüssen, Heidelbeeren und Bananenscheiben belegen. Mit Kakaopulver bestreut genießen.

Info: Heidelbeeren sind so ziemlich das beste Obst für Ihren Stoffwechsel. Allein der enthaltene Pflanzenfarbstoff Anthocyan macht neben Antioxidantien, Pektin als Ballaststoff, Eisen und viel Vitamin C die kleinen Blauen zu einem preiswerten heimischen Superfood. Eine Kombination mit Eiweiß und komplexen Kohlenhydraten ist unschlagbar!

Tipp: Der Porridge schmeckt auch kalt. Sie können 2–3 Portionen auf Vorrat zubereiten; er hält sich zugedeckt einige Tage im Kühlschrank. Die Früchte obenauf können Sie nach Geschmack und Saison variieren.

Geschichtete Erdbeeren mit Joghurt

Für 2 Portionen
Pro Portion: 333 kcal, 9 g E, 21 g F, 28 g KH

- 150 g Erdbeeren (oder andere Beeren der Saison)
- 1 EL Zitronensaft
- 50 g Haferkekse
- etwas gemahlener Zimt (nach Belieben)
- 300 ml griechischer Naturjoghurt (10 % Fett)

1. Die Erdbeeren behutsam waschen und entstielen. Die Hälfte der Früchte in einer Schüssel mit einer Gabel zerdrücken, mit Zitronensaft beträufeln und ziehen lassen. Die restlichen Erdbeeren halbieren oder vierteln.
2. Die Haferkekse zerbröseln, nach Belieben in einer Schüssel mit Zimt vermischen und auf 2 Gläser verteilen. ⅔ des Joghurts einfüllen, die Erdbeersoße darübergeben und mit dem restlichen Joghurt bedecken. Mit den übrigen Erdbeeren garnieren.

Tipp: Statt der Haferkekse können Sie auch Müsli oder Vollkornkekse für den »Boden« zerbröseln. Wenn etwas übrig bleibt, einfach mit Milch zu einem Smoothie aufschlagen.

Omelett mit Pilzen und Ziegenkäse

Für 2 Portionen
Pro Portion: 223 kcal, 14 g E, 17 g F, 5 g KH

3 Eier (Größe M)
Salz, Pfeffer
½ TL gemahlene Kurkuma
50 ml Mineralwasser mit Kohlensäure
100 g braune Champignons (oder Shiitake- oder Austernpilze)
1 EL kalt gepresstes Rapsöl
2 EL frisch gehackte glatte Petersilie
30 g Ziegenfrischkäse

1. Eier, Salz, Pfeffer, Kurkuma und Mineralwasser in einer Schüssel mit dem Schneebesen verquirlen.
2. Die Champignons mit Küchenkrepp säubern und – je nach Größe – vierteln oder in Scheiben schneiden.
3. Das Öl in einer beschichteten Pfanne erhitzen und die Champignons darin unter Rühren 2–3 Minuten anbraten. Die gehackte Petersilie unterrühren.
4. Die Eimasse darübergießen und den Ziegenkäse in Flocken darauf verteilen. Zugedeckt bei milder Hitze 2–3 Minuten stocken lassen.
5. Omelett zusammenklappen, halbieren und auf 2 Teller gleiten lassen.

Info: Keine Angst vor Eiern! Ihre hochwertigen Proteine, wichtige Nährstoffe wie Vitamin A, B-Vitamine und Carotinoide machen sie zu einem erwünschten Lebensmittel für einen ausgeglichenen Stoffwechsel.

Hüttenkäse-Auflauf mit Heidelbeeren

Für 4 Portionen
Pro Portion: 266 kcal, 23 g E, 15 g F, 8 g KH

- 200 g Heidelbeeren
- 300 g Hüttenkäse (oder körniger Frischkäse)
- 250 g Quark (20 % Fett)
- 40 g gemahlene Mandeln
- 3 Eier (Größe M)
- Salz
- etwas Fett für die Form

1. Den Backofen auf 180 °C Ober-/Unterhitze (Umluft 160 °C) vorheizen.
2. Heidelbeeren waschen, verlesen und gut abtropfen lassen.
3. Hüttenkäse, Quark, Mandeln, Eier und 1 Prise Salz in einer Schüssel verrühren.
4. Eine Springform (Ø ca. 24 cm) dünn einfetten und die Masse darin verstreichen. Die Heidelbeeren darauf verteilen und leicht in den Teig drücken.
5. Auflauf 25–30 Minuten im Ofen backen, bis die Masse fest und goldgelb ist. Etwas abkühlen lassen, aus der Form nehmen und auf Teller verteilen.

Tipp: Der kohlenhydratarme, aber eiweißreiche Auflauf schmeckt auch kalt sehr gut. Sie können je nach Saison und Gusto anderes Obst, z. B. Granatapfelkerne oder Orangenspalten, verwenden.

Eier-Muffins

Für 2 Portionen
Pro Portion (3 Stück): 373 kcal, 22 g E, 27 g F, 11 g KH

- 250 g Fleischtomaten
- 20 g magerer Rohschinken (z. B. von der Pute)
- 100 g Quark (20 % Fett)
- 1 EL Olivenöl + etwas für die Form
- 4 Eier (Größe M)
- 25 g gemahlene Mandeln
- Salz, Pfeffer
- gemahlener Kreuzkümmel
- 1 EL Schnittlauchröllchen

1. Den Backofen auf 200 °C Ober-/Unterhitze (Umluft 180 °C) vorheizen.
2. Die Tomaten waschen, vierteln und Stielansätze und Kerne entfernen. Das Fruchtfleisch in Würfel schneiden. Den Schinken in schmale Streifen schneiden.
3. Quark, Olivenöl, Eier und Mandeln mit dem Schneebesen in einer Schüssel glatt rühren. Mit Salz, Pfeffer und Kreuzkümmel würzen.
4. 6 Muffin- oder Gratinförmchen dünn mit Öl einfetten und zu etwa ⅔ mit der Eiermasse füllen. Tomatenwürfel und Schinkenstreifen in die Masse drücken und Muffins im vorgeheizten Backofen 20 Minuten backen, bis an der Oberfläche eine goldgelbe Kruste entstanden ist.
5. Muffins behutsam – am besten mit einem Löffel – aus den Formen heben und mit Schnittlauch bestreut servieren.

Tipp: Die Muffins schmecken auch kalt gut und eignen sich zum Mitnehmen für einen Lunch im Büro. Als Variante können Sie statt des Schinkens (oder zusätzlich) 2–3 gekochte und geschälte Garnelen vor dem Backen in die Muffins drücken.

Geraspelte Möhren mit Rosinen

Für 2 Portionen
Pro Portion: 242 kcal, 6 g E, 11 g F, 26 g KH

- 1 Bio-Orange
- 25 g Rosinen
- 25 g Sonnenblumenkerne
- 300 g Möhren
- 1 kleines Stück frischer Ingwer (etwa haselnussgroß)
- 2 TL Leinöl

1. Die Orange heiß waschen, abtrocknen und 1 EL Schale fein abraspeln. Die Frucht auspressen, den Saft in eine Schüssel geben und die Rosinen darin einweichen.
2. Die Sonnenblumenkerne in einer beschichteten Pfanne ohne Fett goldgelb rösten und beiseitestellen.
3. Die Möhren schälen, putzen und auf der groben Seite der Gemüsereibe raspeln. Ingwer schälen und fein raspeln.
4. Möhren und Ingwer mit Rosinen und Orangensaft vermischen und etwas durchziehen lassen.
5. Auf 2 Teller verteilen, mit je 1 TL Leinöl beträufeln und mit den Sonnenblumenkernen und Orangenschalen bestreut servieren.

Tipp: Wenn Sie die Möhren zum Frühstück süßer haben wollen, können Sie 1 EL Honig oder Sirup (z. B. Ahorn- oder Dattelsirup) untermischen.

Avocado mit Banane und Erdmandelflocken

Für 2 Portionen
Pro Portion: 335 kcal, 8 g E, 17 g F, 33 g KH

- 30 g Erdmandelflocken
- 400 ml Milch (oder ungesüßter Mandeldrink)
- 1 kleine Banane
- 1 kleine Avocado (ca. 150 g)
- ½ Zitrone
- Pfeffer

1. Die Erdmandelflocken in einer kleinen beschichteten Pfanne ohne Öl goldgelb rösten. 1 EL Flocken beiseitestellen.
2. Die restlichen Flocken in eine Schüssel mit der Milch geben und 10–15 Minuten quellen lassen.
3. Die Bananen schälen und in Scheiben schneiden. Die Avocado längs halbieren, den Kern entfernen und das Fruchtfleisch mit einem Löffel aus der Schale heben. Etwa 2 EL Avocado in kleine Würfel schneiden, mit 1 EL Zitronensaft beträufeln und zum Garnieren beiseitestellen.
4. Restliche Avocado und die Bananen zur Erdmandelmilch geben und mit einem Pürierstab oder im Mixer pürieren.
5. Mit Zitronensaft und Pfeffer abschmecken, auf 2 Gläser oder Schüsseln verteilen und mit den restlichen Erdmandelflocken und den Avocadowürfeln bestreuen.

Tipp: Dieses Gericht ist zum Löffeln gedacht. Wenn Sie lieber einen Smoothie zum Trinken wollen – einfach mit mehr Milch oder Mandeldrink verdünnen.

Erdmandel-Porridge mit Beeren

Für 2 Portionen
Pro Portion: 269 kcal, 8 g E, 12 g F, 30 g KH

350 ml Milch (oder Mandeldrink oder Wasser)
50 g Erdmandelflocken
100 g Erdbeeren
75 g Heidelbeeren
1 Stängel frische Minze

Info: Erdmandeln, Tigernuss oder Chufas sehen nur so ähnlich aus wie Mandeln, sind aber Wurzelknöllchen eines Zyperngrases. Sie schmecken süßlich und etwas nussig und sind in Bioläden und Reformhäusern erhältlich. Wenn Sie Erdmandeln im Ganzen verwenden wollen, müssen sie eingeweicht werden. Es gibt auch Erdmandelflocken, -chips und -mehl. Erdmandeln enthalten so viele Ballaststoffe, dass sie den Blutzuckerspiegel lange stabil halten, sodass Sie sich lange satt fühlen. Reichlich Magnesium und Vitamin E bringen noch eine Extraportion Gesundheit. In Smoothies, Drinks und Suppen können Sie immer wieder mal 1–2 EL Erdmandeln geben und so Ihrem Stoffwechsel Gutes tun.

1. Milch in einem kleinen Topf zum Kochen bringen. Die Erdmandelflocken hineingeben und bei ausgeschaltetem Herd 10 Minuten quellen und dabei etwas abkühlen lassen.
2. In der Zwischenzeit die Beeren waschen, verlesen und entstielen. Erdbeeren klein würfeln. Die Minze waschen, gut trocken schütteln und die Blätter vom Stängel zupfen.
3. Den Mandelbrei auf 2 tiefe Teller oder Schüsseln verteilen, das Beerenobst obenauf geben und mit den Minzblättern garniert servieren.

Tipp: Natürlich können Sie auch jedes andere Obst verwenden, z. B. Feigen, die ebenfalls positiv auf den Stoffwechsel wirken. Stoffwechselaktivierende dunkle Schokolade und Trockenfrüchte passen genauso gut obenauf.

Hauptgerichte

Gebratene Hähnchenbrust mit Paprika und Bohnen

Für 2 Portionen
Pro Portion: 566 kcal, 52 g E, 30 g F, 18 g KH

250 g grüne Bohnen
Salz
400 g Hähnchenbrustfilet
1 große rote Paprikaschote
3 Lauchzwiebeln
2 Knoblauchzehen
3 EL Olivenöl
½ TL Peperoncino-Gewürz oder Chiliflocken (nach Belieben auch mehr)
Pfeffer
½ TL gemahlener Zimt
1 EL Sesamsaat

1. Die Bohnen putzen, waschen, in etwa 3 cm lange Stücke schneiden und in einen Dampfgareinsatz legen. Salzwasser in einen Topf füllen, den Gareinsatz einsetzen und die Bohnen in 15–20 Minuten weich dämpfen. (Alternativ in Salzwasser kochen und abgießen.)
2. In der Zwischenzeit das Hähnchenbrustfilet mit einem scharfen Messer in Streifen schneiden.
3. Die Paprikaschote waschen, putzen und ebenfalls in Streifen schneiden. Die Lauchzwiebeln putzen, waschen und mit viel Grün in Ringe schneiden. Die Knoblauchzehen mit der stumpfen Seite eines Messers andrücken, sodass sie aufplatzen.
4. 2 EL Olivenöl in einer großen beschichteten Pfanne erhitzen und das Hähnchenfleisch darin rundherum goldgelb anbraten. Mit einem Pfannenheber herausnehmen und beiseitestellen.
5. Das restliche Öl in die Pfanne geben, Peperoncino-Gewürz, Paprikastreifen und Knoblauch unter häufigem Rühren darin anbraten. Lauchzwiebeln dazugeben und kurz mitbraten.
6. Das Fleisch und die Bohnen unterheben und alles mit Salz, Pfeffer und Zimt würzen. Mit Sesamsaat bestreut servieren.

Info: Unser Stoffwechsel liebt Scharfes. Chiliflocken sind grob gemahlene, getrocknete Chilischoten. Peperoncino-Gewürz ist eine italienische Würzmischung, die hauptsächlich aus Chili besteht, dazu noch aus Knoblauch, Salz und Oregano. Egal, wie Sie die Schärfe in Ihre Gerichte bringen wollen: Sparen Sie nicht am Gewürz, das ohnehin nur in kleinen Mengen verwendet wird und lange haltbar ist, und achten Sie auf kontrollierten Anbau.

Geflügelcurry mit Apfel in Kokossoße

Für 4 Portionen
Pro Portion: 411 kcal, 29 g E, 27 g F, 13 g KH

- 1 weiße Zwiebel
- 2 säuerliche Äpfel
- 30 g frischer Ingwer
- 500 g Geflügelfleisch (z. B. Pute oder Hähnchen)
- Salz, Pfeffer
- 2 EL Kokosöl
- 2 EL Madras-Currypulver
- 1 gestrichener TL gemahlene Kurkuma
- ½ TL gemahlener Kardamom
- 400 ml cremige Kokosmilch
- 100 ml Wasser
- 2 Stängel glatte Petersilie (oder Koriander)

1. Die Zwiebel abziehen und fein würfeln. Die Äpfel vierteln, schälen, das Kerngehäuse entfernen und das Fruchtfleisch würfeln. Den Ingwer schälen und klein würfeln oder reiben. Das Geflügelfleisch in mundgerechte Stücke schneiden, salzen und pfeffern.
2. Öl in einer beschichteten Pfanne erhitzen und das Fleisch darin rundherum goldgelb braten. Herausnehmen und beiseitestellen. Zwiebel- und Apfelwürfel in die Pfanne geben und unter Rühren 2 Minuten andünsten. Currypulver, Kurkuma, Kardamom und Ingwer einrühren. Kokosmilch und Wasser angießen.
3. Curry bei geringer Hitze zugedeckt 15 Minuten köcheln lassen und anschließend mit Salz und Pfeffer abschmecken. Das Geflügelfleisch dazugeben und 10 Minuten bei geringer Hitze durchziehen lassen.
4. In der Zwischenzeit die Petersilie waschen, trocken schütteln und die Blätter von den Stängeln zupfen. Geflügelcurry auf tiefe Teller verteilen und mit Petersilie bestreut servieren.

Tipp: Das Rezept gibt es gleich für 4 Portionen, sodass Sie evtl. etwas davon aufheben können, denn es schmeckt aufgewärmt fast noch besser und lässt sich außerdem gut einfrieren.
Wenn Sie noch mehr für Ihren Stoffwechsel tun wollen, können Sie das Curry mit gehackten und gerösteten Mandeln bestreuen.

Hähnchen mit Grünkohl und Süßkartoffeln

Für 2 Portionen
Pro Portion: 449 kcal, 33 g E, 25 g F, 23 g KH

250 g Hähnchenbrustfilet
2 Knoblauchzehen
Salz, Pfeffer
200 g Süßkartoffeln
100 g Grünkohl
3 EL Olivenöl
½–1 TL rosenscharfes Paprikapulver
¼ TL gemahlene Kurkuma
100 ml Wasser (oder Gemüsebrühe)
1–2 EL weißer Balsamessig

Info: Geflügel ist ein prima Eiweißlieferant. Dazu enthält es auch B-Vitamine, Kalium, Phosphor und Zink. Alles wichtig für einen funktionierenden Stoffwechsel.
Rotes Fleisch, das in letzter Zeit etwas in Verruf geraten ist, ist ebenfalls eine hervorragende Eiweißquelle und glänzt dazu noch mit den Mineralien Eisen und – wiederum – Zink. Für alle Fleisch- und Geflügelsorten gilt: nur aus artgerechter Haltung!

1. Hähnchenbrust in etwa 1 ½ cm große Würfel schneiden. Die Knoblauchzehen schälen und durch eine Knoblauchpresse drücken. Hähnchenwürfel in einer Schüssel mit Knoblauch, Salz und Pfeffer vermischen und etwas durchziehen lassen.
2. Süßkartoffeln schälen, waschen und in mundgerechte Würfel schneiden. Grünkohl waschen, gut abtropfen lassen und mit einem Nudelholz »durchkneten«. Dadurch wird er weicher und lässt sich besser verarbeiten. Grünkohlblätter in mundgerechten Stücken von den harten Stielen zupfen.
3. 1 EL Olivenöl in einer beschichteten Pfanne erhitzen und die Hähnchenwürfel darin unter mehrmaligem Wenden knusprig braten. Herausnehmen und in Alufolie gewickelt warm halten.
4. Das restliche Olivenöl in die Pfanne geben und Süßkartoffeln und Grünkohl darin unter Rühren 5 Minuten anbraten. Mit Paprikapulver und Kurkuma bestäuben und mit Wasser oder Brühe ablöschen. Gemüse zugedeckt in 10 Minuten bei mittlerer Hitze weich dünsten.
5. Gemüse mit Balsamessig, Salz und Pfeffer abschmecken. Hähnchenwürfel in 2 Schüsseln oder tiefen Tellern anrichten und das Gemüse obenauf geben.

Gefüllte Hähnchenbrust mit Spinat

Für 2 Portionen
Pro Portion: 598 kcal, 61 g E, 35 g F, 9 g KH

100 g frischer Blattspinat
1 Schalotte
1 kleiner Zweig Rosmarin
2 EL Olivenöl
15 g getrocknete Tomaten
125 g Mozzarella
200 g Zucchini
1 Fleischtomate
2 Hähnchenbrustfilets (à 200–250 g)
Salz, Pfeffer
6 schwarze Oliven (entsteint)

1. Spinat in ein Sieb geben, waschen, verlesen und abtropfen lassen. Die Schalotte abziehen und fein würfeln. Rosmarin waschen, trocken schütteln, die Nadeln vom Zweig zupfen und fein hacken.
2. 1 EL Öl in einer Pfanne mit Deckel erhitzen und Schalotten und Rosmarin darin unter Rühren anbraten. Den Spinat dazugeben, den Deckel aufsetzen und Spinat bei milder Hitze dünsten, bis er zusammengefallen ist.
3. Den Backofen auf 180 °C Ober-/Unterhitze (Umluft 160 °C) vorheizen.
4. Die getrockneten Tomaten klein würfeln. Mozzarella abtropfen lassen und in Scheiben schneiden. Zucchini und Tomate waschen, putzen, in Scheiben schneiden und eine feuerfeste Form damit auslegen.
5. Mit einem scharfen Messer eine Tasche in die Hähnchenbrustfilets schneiden (nicht durchschneiden!) und die Hälfte, die den »Deckel« bilden soll, etwas flach klopfen. Fleisch salzen und pfeffern. Fleischtasche mit Mozzarella, getrockneten Tomaten und Spinat füllen, zudrücken und mit Zahnstochern fixieren.
6. Gefüllte Hähnchenbrustfilets auf das Gemüse in der Form geben, mit dem restlichen Olivenöl beträufeln und 55–60 Minuten im Ofen garen, bis das Fleisch an der Oberfläche goldgelb ist.
7. Gemüse und Fleisch auf 2 Tellern anrichten und mit den Oliven garniert servieren.

Tipp: Sie können das Gericht auch ganz oder teilweise auf dem Grill zubereiten. Die Füllung kann nach Belieben variiert werden, z. B. nur mit getrockneten Tomaten, rotem Pesto und Schafskäse.

Paprikahähnchen aus dem Ofen

Für 2 Portionen
Pro Portion: 375 kcal, 34 g E, 19 g F, 17 g KH

3 Paprikaschoten (je 1 gelbe, rote und grüne)
1 rote Zwiebel
250 g Hähnchenbrustfilet
2 EL Rapsöl
Salz, Cayennepfeffer
50 ml Gemüsebrühe
150 ml Joghurt
etwas Zitronensaft (oder Limettensaft)
Pfeffer

1. Den Backofen auf 200 °C Ober-/Unterhitze (Umluft 180 °C) vorheizen.
2. Die Paprikaschoten waschen, putzen und längs in Streifen schneiden. Die Zwiebel schälen und in Ringe schneiden. Hähnchenbrust in Streifen schneiden.
3. 1 EL Öl in einer beschichteten Pfanne erhitzen und das Fleisch darin rundherum anbraten. Mit Salz und Cayennepfeffer würzen, herausnehmen und beiseitestellen.
4. Das restliche Öl in die Pfanne geben und die Zwiebeln darin kurz anbraten. Paprikastreifen dazugeben und unter Rühren 5 Minuten braten.
5. Gemüse in eine Auflaufform geben und mit Brühe begießen. Fleisch obenauf verteilen und im vorgeheizten Ofen auf der mittleren Schiene 20–25 Minuten garen.
6. Joghurt in einer Schüssel mit Zitronensaft verrühren, mit Salz und Pfeffer oder Cayennepfeffer pikant abschmecken und getrennt zum Paprikahähnchen reichen.

Tipp: 2 eingelegte und klein geschnittene Sardellen geben ein pfiffiges Aroma. Sie können ersatzweise auch 1–2 TL Sardellenpaste mit etwas Öl verrühren. Die Sardellen kommen am Ende von Zubereitungsschritt 4 zu den Paprikastreifen.

Zucchininudeln mit Garnelen

Für 2 Portionen
Pro Portion: 264 kcal, 23 g E, 17 g F, 7 g KH

- 400 g Zucchini
- ½ Bio-Zitrone
- 300 g frische, ungeschälte Garnelen
- 500 ml Wasser
- Salz
- 2 EL Olivenöl
- grobes Meersalz, Pfeffer

1. Die Zucchini waschen und putzen. Mit einem Spiralschneider oder Julienneschneider (gibt es beides preiswert in Kaufhäusern und Küchengeschäften) »Nudeln« daraus schneiden.
2. Die Zitrone heiß waschen, etwa 1 TL Schale abraspeln und die halbe Frucht auspressen.
3. Die Garnelen in ein Sieb geben, mit kaltem Wasser abbrausen und mit Küchenkrepp trocken tupfen.
4. Wasser mit 1 Prise Salz in einem Topf zum Kochen bringen, Zucchininudeln in einen Dampfgareinsatz geben und diesen einsetzen. Zucchini etwa 1 Minute zugedeckt dämpfen, dann vom Herd nehmen.
5. Olivenöl in einer Pfanne erhitzen und die Garnelen darin von beiden Seiten rosa braten. Mit Zitronensaft ablöschen und mit Meersalz und Pfeffer würzen.
6. Die Zucchininudeln unterheben, auf 2 Teller verteilen und mit Zitronenabrieb bestreuen.

Tipp: Rohe, geschälte Garnelen (z. B. Black Tiger) bekommen Sie in Fischgeschäften oder an den Fischtheken großer Supermärkte. Ersatzweise können Sie geschälte und gekochte Garnelen aus dem Kühlregal nehmen – die sollten aber nur ganz kurz ins heiße Öl, damit sie warm werden. Längeres Braten lässt sie austrocknen.

Vollkornspaghetti mit Lachs

Für 2 Portionen

Pro Portion: 509 kcal, 26 g E, 25 g F, 43 g KH

- 2 EL Sesamsaat
- 2 Schalotten
- 100 g Paprikaschoten (Farbe nach Belieben)
- ½ grüne Peperonischote (nach Belieben)
- 150 g Lachsfilet ohne Haut
- Salz, Pfeffer
- 1 EL Kokosöl
- 120 g Vollkornspaghetti

1. Sesamsaat in einer beschichteten Pfanne ohne Fett rösten und beiseitestellen.
2. Schalotten abziehen und längs in feine Streifen schneiden. Paprikaschoten und ggf. die Peperonischote waschen, putzen und ebenfalls längs in feine Streifen schneiden. Das Lachsfilet kalt abspülen, mit Küchenkrepp trocken tupfen, salzen, pfeffern und in mundgerechte Würfel schneiden.
3. Kokosöl in einer Pfanne erhitzen und Schalotten, Paprika- und evtl. Peperonistreifen unter Rühren darin 5 Minuten anbraten. Das Gemüse an den Pfannenrand schieben und die Lachswürfel in die Pfanne geben. Kräftig anbraten und dabei einige Male wenden. Pfanne zugedeckt warm stellen.
4. Spaghetti in einem Topf mit reichlich Salzwasser nach Packungsanleitung bissfest garen. Anschließend durch ein Sieb abgießen und gut abtropfen lassen. Mit dem Pfanneninhalt vermischen und mit Sesam bestreuen.

Tipp: Wenn Sie Probleme mit Gluten haben, können Sie das Gericht auch mit Buchweizen-Spaghetti (Bioläden, Reformhaus) zubereiten. Allerdings sind diese wie andere getreidefreie Teigwaren auch empfindlicher, was die Kochzeiten betrifft. Bereiten Sie daher die Soße auf jeden Fall als Erstes fertig zu und dann die Nudeln, damit sie keine Zeit haben, pappig zu werden.

Auberginenröllchen mit Käsefüllung

Für 2 Portionen
Pro Portion: 506 kcal, 23 g E, 34 g F, 19 g KH

1 Aubergine (ca. 600 g)
2 EL Olivenöl
Salz
30 g ganze, ungeschälte Mandeln
125 g Hüttenkäse (oder Feta)
1 Ei (Größe M)
Pfeffer
400 g gehackte Tomaten (aus der Dose)
20 g Parmesan
2 Stängel frisches Basilikum

1. Den Backofen auf 200 °C Ober-/Unterhitze (Umluft 180 °C) vorheizen.
2. Die Auberginen waschen, putzen und mit einem scharfen Messer längs in etwa 1 cm dicke Scheiben schneiden.
3. Ein Backblech dünn mit 1 EL Öl bestreichen. Die Auberginenscheiben darauf verteilen, salzen und mit dem restlichen Öl bestreichen. Auf der mittleren Schiene im Ofen 10 Minuten backen, dann wenden und in weiteren 10 Minuten fertig backen. Herausnehmen und etwas abkühlen lassen.
4. Mandeln hacken und in einer Schüssel mit Hüttenkäse, Ei, Salz und Pfeffer verrühren. Füllung auf die abgekühlten Auberginenscheiben streichen, diese aufrollen und mit Zahnstochern fixieren.
5. Röllchen nebeneinander in eine ofenfeste Form legen, mit den gehackten Tomaten begießen und den Auflauf 15–20 Minuten im Ofen auf der mittleren Schiene backen.
6. Den Parmesan fein reiben. Basilikum waschen, trocken schütteln und die Blätter von den Stängeln zupfen. Die Auberginenröllchen mit Parmesan bestreuen und mit Basilikum garniert servieren.

Provenzalischer Fischeintopf

Für 4 Portionen
Pro Portion: 199 kcal, 27 g E, 6 g F, 8 g KH

600 g gemischtes Fischfilet (z. B. Schellfisch, Seelachs und Seeteufel)
1 EL Zitronensaft
2 Schalotten
2 Knoblauchzehen
100 g Staudensellerie
100 g Möhren
1 EL Olivenöl
800 ml Gemüsebrühe (oder Fischfond)
1 EL Fenchelsamen
2 Döschen Safranfäden
1 Dose geschälte Tomaten (ca. 400 g Abtropfgewicht)
1 Bio-Orange
Salz, Pfeffer
2 Stängel glatte Petersilie

1. Das Fischfilet unter fließendem kalten Wasser abbrausen, mit Küchenkrepp trocken tupfen und in mundgerechte Stücke schneiden. Mit Zitronensaft beträufeln und zugedeckt beiseitestellen.
2. Die Schalotten abziehen und hacken. Die Knoblauchzehen schälen und in Scheiben schneiden.
3. Staudensellerie putzen, waschen und in Scheiben schneiden. (Äußere Stängel evtl. zuvor dünn abschälen.) Die Möhren schälen, putzen und ebenfalls in Scheiben schneiden.
4. Das Öl in einem geräumigen Topf erhitzen und Schalotten und Knoblauch darin andünsten. Sellerie und Möhren dazugeben und unter Rühren kurz anbraten.
5. Brühe, Fenchelsamen und Safranfäden dazugeben und das Gemüse in 15–20 Minuten weich kochen.
6. Die Tomaten aus der Dose zufügen und alles mit dem Stabmixer fein pürieren. (Eventuell zuvor 1 Tomate herausnehmen, in Streifen oder Würfel schneiden und nach dem Pürieren wieder in den Topf geben.)
7. Die Orange heiß waschen und 2 EL Schale abraspeln. Die Frucht auspressen. Orangensaft und -abrieb in den Eintopf rühren und mit Salz und Pfeffer abschmecken. Die Fischstücke dazugeben und 5 Minuten bei milder Hitze sanft garen lassen.
8. Die Petersilie waschen, trocken schütteln und die Blätter von den Stielen zupfen. Den Eintopf auf 4 Teller verteilen und mit Petersilie bestreut servieren.

Tipp: Sie können die 4 Portionen (ohne Fisch und Orange) auch auf Vorrat zubereiten und 1–2 Tage im Kühlschrank und bis zu 6 Monate im Tiefkühler aufbewahren. Die Orange und der frische Fisch kommen dann jeweils nach dem Auftauen und Erhitzen dazu.

Couscous mit Garnelen

Für 2 Portionen
Pro Portion: 552 kcal, 27 g E, 11 g F, 79 g KH

- 100 g TK-Erbsen (oder 300 g frische Schoten)
- 1 Stange Lauch
- 150 g Möhren
- 3 Kardamomkapseln
- 1 EL Olivenöl
- 400 ml Gemüsebrühe
- 200 g feiner Couscous
- ½ TL Currypulver
- ½ TL gemahlener Kreuzkümmel
- 200 g gekochte, geschälte Garnelen
- Salz, Pfeffer

1. Die Erbsen auftauen lassen (oder frische Erbsen palen und in einem Topf mit Salzwasser in 15 Minuten weich kochen). Dann durch ein Sieb abgießen und abtropfen lassen.
2. In der Zwischenzeit den Lauch putzen, längs aufschlitzen, am oberen Ende auffächern und gründlich waschen. In feine Streifen schneiden. Die Möhren schälen, putzen und klein würfeln. Kardamomkapseln behutsam öffnen und Samen herausnehmen.
3. Öl in einer geräumigen Pfanne erhitzen und Lauch, Möhren und Kardamomsamen darin unter Rühren etwa 5 Minuten anbraten. Mit Gemüsebrühe ablöschen.
4. Erbsen, Couscous, Currypulver und Kreuzkümmel einrühren und alles aufkochen lassen. Herd ausschalten und den Couscous 5–7 Minuten quellen lassen, bis alle Flüssigkeit aufgesogen ist. Gegen Ende der Quellzeit die Garnelen unterheben.
5. Couscous mit einer Gabel auflockern und mit Salz und Pfeffer abschmecken.

Tipp: Wenn Ihnen die Portion zu groß ist und etwas übrig bleibt: Couscous mit etwas Zitronensaft oder Apfelessig verrühren und kalt als Salat essen. Eignet sich auch gut zum Mitnehmen.

Kabeljau auf Paprikapüree mit Sprossen

Für 2 Portionen
Pro Portion: 417 kcal, 39 g E, 24 g F, 13 g KH

- 1 Paprikaschote (gelb oder orange)
- 400 g Kabeljaufilet
- ½ Zitrone
- 100 g Sprossen-Mix (z. B. Soja, Radieschen und Kresse)
- 2 EL Apfelessig
- 3 EL Olivenöl
- 1 TL Paprikapulver (rosenscharf oder edelsüß, je nach Geschmack)
- Salz, Pfeffer
- 500 ml Wasser

1. Die Paprikaschote waschen, putzen und in Streifen schneiden. In einen kleinen Topf geben, mit Wasser bedecken und in 12–15 Minuten sehr weich kochen.
2. In der Zwischenzeit das Kabeljaufilet mit Küchenkrepp trocken tupfen und in 4 Teile schneiden. Die Zitrone auspressen. Fisch mit 1 EL Zitronensaft beträufeln.
3. Die Sprossen waschen, gut abtropfen lassen, in eine Schüssel geben und mit Essig würzen.
4. Paprikastreifen im Kochwasser mit 2 EL Olivenöl, dem restlichen Zitronensaft, Paprikapulver, Salz und Pfeffer mit dem Pürierstab zu einer feinen Soße mixen.
5. Wasser in einer Pfanne erhitzen, mit dem Spritzschutz (eine Art großes flaches Sieb, das Sie preiswert in Küchengeschäften oder Kaufhäusern bekommen) zudecken und die Fischstücke darauflegen. 2 Minuten von jeder Seite dämpfen.
6. Zum Servieren die Paprikasoße auf 2 Teller streichen, Fisch darauflegen und die Sprossen daneben anrichten. Mit Pfeffer bestreuen und mit dem restlichen Olivenöl beträufeln.

Info: Sprossen sind leckere Stoffwechsel-Pusher. Kein Nahrungsmittel hat eine höhere Bioverfügbarkeit als Sprossen und Keime. Sie enthalten hochwertiges Eiweiß, mehr Vitamin C als Zitronen und eine lange Reihe stoffwechselaktiver Mineralstoffe und Spurenelemente. Verschiedene Sprossen wie Alfalfa, Soja oder Mungobohnen bekommen Sie in gut sortierten Supermärkten. Kresse gibt es (fast) überall. Im Internet finden Sie auch viele Anleitungen und Anregungen, wie Sie Sprossen ganz einfach selbst auf der Fensterbank ziehen können und so Ihre Vitaminbomben immer zu Hause haben.

Bulgur mit Lachs und grünem Gemüse

Für 2 Portionen
Pro Portion: 601 kcal, 39 g E, 30 g F, 14 g KH

- 100 g TK-Erbsen (oder 300 g frische Schoten)
- 100 g Bulgur
- 200 ml Gemüsebrühe
- ½ TL gemahlene Kurkuma
- 200 g Zucchini
- 75 g frischer Spinat (oder Mangold oder Pak Choi)
- 2 Scheiben Lachsfilet ohne Haut (à ca. 150 g)
- ½ Chilischote (nach Belieben)
- 1 EL Olivenöl
- Salz, Pfeffer
- 1 TL Harissa (nach Belieben)

1. Die Erbsen auftauen lassen (oder frische Erbsen palen und in einem Topf mit Salzwasser in 15 Minuten weich kochen). Dann durch ein Sieb abgießen und gut abtropfen lassen.
2. Bulgur in ein Sieb geben, heiß abbrausen und abtropfen lassen.
3. Gemüsebrühe in einem Topf zum Kochen bringen, Bulgur und Kurkuma einrühren und bei ausgeschaltetem Herd offen 15 Minuten quellen lassen.
4. Zucchini waschen, putzen und in Scheiben schneiden. Spinat waschen, verlesen und gut abtropfen lassen. Lachs mit Küchenkrepp trocken tupfen und in mundgerechte Stücke schneiden. Die Chilischote, falls verwendet, waschen, längs aufschlitzen, Kerne und Trennhäutchen entfernen und das Fruchtfleisch in sehr kleine Würfel schneiden.
5. Olivenöl in einer großen beschichteten Pfanne erhitzen und die Lachsstücke darin rundherum anbraten. Mit einem Pfannenheber herausnehmen und warm stellen.
6. Zucchinischeiben – und ggf. Chiliwürfel – in die Pfanne geben und bei milder Hitze anbraten. Erbsen und Spinat unterheben und so lange rühren, bis der Spinat zusammengefallen ist. Bulgur mit einer Gabel auflockern und unterheben.
7. Mischung mit Salz, Pfeffer und – wenn Sie gerne scharf essen – Harissa abschmecken, auf 2 Teller verteilen und den Lachs obenauf legen.

Gebratener Lachs mit Zitronenspinat

Für 2 Portionen

Pro Portion: 502 kcal, 35 g E, 40 g F, 3 g KH

- 300 g Lachsfilet mit Haut
- schwarzer Pfeffer aus der Mühle
- 2 EL Kokosöl
- 250 g frischer Babyspinat
- 1 Stück frischer Ingwer (etwa walnussgroß)
- 20 g Walnusskerne
- Salz
- 1–2 EL Zitronensaft
- 1 EL rote Beeren (nach Belieben)

1. Lachsfilet waschen, mit Küchenkrepp trocken tupfen, quer in 4 Streifen schneiden und pfeffern.
2. 1 EL Kokosöl bei mittlerer Hitze in einer Pfanne schmelzen, die Lachsstücke mit der Haut nach unten hineingeben und etwa 20 Minuten braten, bis die Oberfläche glasig erscheint. (Wenn die Haut unten zu dunkel wird, evtl. gegen Ende einen Deckel oder Spritzschutz auflegen.)
3. In der Zwischenzeit den Spinat waschen, verlesen und in einem Sieb gut abtropfen lassen. Den Ingwer schälen und in kleine Würfel schneiden, die Walnüsse hacken.
4. Das restliche Kokosöl in einem flachen, geräumigen Topf mit Deckel erhitzen. Ingwer und Walnüsse darin leicht anbraten und den Spinat unterrühren. 1–2 Minuten zugedeckt dämpfen, bis der Spinat zusammengefallen ist.
5. Spinat mit Salz, Pfeffer und Zitronensaft abschmecken, auf 2 Tellern anrichten und den Lachs daraufsetzen. Nach Belieben mit roten Beeren bestreuen.

Info: Popeye hatte recht: Spinat ist super für die Muskeln. Aber nur, wenn er möglichst frisch zubereitet und verzehrt wird. Saison hat frischer Spinat bei uns von April bis November. In der übrigen Zeit gibt es Importware – oder Sie greifen zu tiefgekühltem Blattspinat.

Der junge Frühlingsspinat, dessen Saison schon im April beginnt, wird auch gerne Babyspinat genannt. Er hat superzarte Blätter und muss kaum geputzt werden. Sie könnten ihn auch roh essen – im Salat oder püriert im Smoothie. Die empfindlichen Blätter mögen die Salatschleuder gar nicht – lieber werden sie behutsam mit einem sauberen Küchentuch trocken getupft. Vorsicht bei der Zubereitung als Blattspinat: Junger Spinat ist nach 1–2 Minuten fertig gedämpft. Der im Geschmack kräftigere Winterspinat braucht etwas länger: etwa 2–3 Minuten.

Süßkartoffeln mit knusprigen Kichererbsen und Spinat

Für 2 Portionen
Pro Portion: 663 kcal, 21 g E, 33 g F, 56 g KH

- 1 Dose Kichererbsen (265 g Abtropfgewicht)
- 2 EL Olivenöl
- ¼ TL gemahlene Kurkuma
- ¼ TL rosenscharfes Paprikapulver (oder Cayennepfeffer)
- Salz
- 150 g Süßkartoffeln
- ¼ TL Garam Masala (nach Belieben)
- 50 g Babyspinat
- 1 kleine Avocado (ca. 150 g)
- ½ Zitrone
- Pfeffer
- 1 EL Sesamsaat

1. Den Backofen auf 200 °C Ober/Unterhitze (Umluft 180 °C) vorheizen.
2. Die Kichererbsen in ein Sieb abgießen und kalt abbrausen. Gut abtropfen lassen.
3. In einer Schüssel 1 EL Olivenöl mit Kurkuma, Paprikapulver und Salz gut vermischen. Die Kichererbsen darin wenden, sodass sie rundherum mit Öl benetzt sind. Kichererbsen auf einem mit Backpapier ausgelegten Backblech verteilen und in 30–35 Minuten im Ofen knusprig backen. Dabei alle 5 Minuten am Blech rütteln, damit nichts anbrennt.
4. Süßkartoffeln gründlich abbürsten, mit der Schale in Würfel schneiden und nach Belieben in einer Schüssel mit Garam Masala vermischen. Spinat waschen, verlesen und abtropfen lassen. Avocado längs halbieren, den Kern entfernen, das Fruchtfleisch mit einem Löffel herausheben und würfeln. Die Zitrone auspressen.
5. Das restliche Olivenöl in einer beschichteten Pfanne mild erhitzen und die Süßkartoffelwürfel darin unter mehrfachem Wenden in 12–15 Minuten goldbraun braten. Mit Zitronensaft ablöschen und die Kichererbsen und den Spinat unterrühren. Mit Salz und Pfeffer abschmecken.
6. Die Avocadowürfel obenauf verteilen und das Gericht mit Sesamsaat bestreuen.

Kürbisragout

Für 4 Portionen
Pro Portion: 205 kcal, 10 g E, 7 g F, 28 g KH

- 100 g Berglinsen (oder Pardina-Linsen)
- 300 ml Gemüsebrühe
- 1 kleiner Hokkaido-kürbis (ca. 700 g)
- 150 g Möhren
- 500 ml Wasser
- 1 große Fleischtomate
- 1 große weiße Zwiebel
- 2 Stängel glatte Petersilie
- 1 EL Kokosöl
- 1 EL Currypulver
- 1 TL gemahlener Kreuzkümmel
- Salz, Pfeffer
- 1–2 EL weißer Essig

1. Die Linsen und die Gemüsebrühe in einem Topf zum Kochen bringen und dann zugedeckt bei sehr geringer Hitze 20 Minuten köcheln lassen.
2. In der Zwischenzeit den Kürbis waschen (die Schale kann mitverwendet werden), entkernen und in etwa 1 ½ cm große Würfel schneiden. Die Möhren schälen, putzen und in Scheiben schneiden.
3. Wasser in einen Topf geben, den Dampfgareinsatz einsetzen, die Möhren und obenauf den Kürbis hineinlegen und in 8–9 Minuten weich dämpfen.
4. Die Tomate waschen, vierteln, Stielansätze und Kerne entfernen und das Fruchtfleisch in Würfel schneiden. Die Zwiebel abziehen und in Ringe schneiden. Petersilie waschen, trocken schütteln und die Blätter von den Stängeln zupfen.
5. Kokosöl in einer geräumigen Pfanne erhitzen und Zwiebelringe darin unter Rühren glasig dünsten. Mit Currypulver und Kreuzkümmel bestäuben. Das gedämpfte Gemüse unterrühren und kurz anbraten. Die Linsen und Tomatenwürfel unterheben.
6. Mit Salz, Pfeffer und Essig abschmecken und mit Petersilie bestreut servieren.

Tipp: Wir haben von diesem Gericht gleich 4 Portionen gemacht. Zum einen, weil auch die kleinsten Hokkaidokürbisse für 2 Portionen zu viel wären, zum anderen, weil das Kürbisragout auch aufgewärmt gut schmeckt oder mit einer reichlichen Portion Essig und etwas Leinöl als Salat gegessen werden kann.

Info: Linsen sind für alle, die kein oder nur wenig Fleisch und Fisch essen, als Eiweißquelle bedeutend. Außerdem gibt ihr hoher Gehalt am Spurenelement Zink dem Stoffwechsel einen kräftigen Schub. Als Mittagsmahlzeit muss man bei einem Linsengericht auch nicht befürchten, dass sich die Kohlenhydrate auf die Hüften schleichen. Außerdem machen Linsen und andere Hülsenfrüchte lange satt – der Nachmittagssnack kann da leicht entfallen.

Süßkartoffeln mit Grünkohlchips

Für 2 Portionen
Pro Portion: 693 kcal, 20 g E, 36 g F, 75 g KH

- 100 g Grünkohl
- 1 kleiner Zweig Rosmarin
- ½ Bio-Zitrone
- 1 EL Olivenöl
- Salz, Pfeffer
- 600 g Süßkartoffeln
- ¼ TL gemahlene Kurkuma
- ¼ TL Paprikapulver (edelsüß oder rosenscharf, je nach Geschmack)
- 100 g Ziegen-Feta (oder Schaf-Feta)
- 30 g Walnusskerne
- 1 EL Leinöl

1. Den Backofen auf 180 °C Ober-/Unterhitze (Umluft 160 °C) vorheizen.
2. Grünkohl gründlich waschen und die Blätter in mundgerechten Stücken vom Stängel zupfen. Auf einem sauberen Küchenhandtuch ausbreiten, Handtuch zusammenrollen und Grünkohl trocken drücken.
3. Rosmarin waschen, trocken schütteln und die Nadeln vom Stängel zupfen. Zitrone heiß waschen, die Schale abraspeln und die halbe Frucht auspressen.
4. In einer geräumigen Schüssel Olivenöl, Rosmarinnadeln, Zitronenschale, Salz und Pfeffer verrühren. Den trockenen Grünkohl dazugeben und gut vermischen.
5. Ein Backblech mit Backpapier auslegen, den Grünkohl locker darauf verteilen und in 20–25 Minuten bei leicht geöffneter Ofentür (einen hölzernen Kochlöffel zwischen Ofen und Tür stecken, damit die restliche Feuchtigkeit entweichen kann) knusprig backen. Zwischendurch wenden und kontrollieren, ob die Chips schon knusprig sind.
6. In der Zwischenzeit die Süßkartoffeln sauber bürsten, längs halbieren und mit den Schnittflächen nach oben in eine feuerfeste Form legen. Kurkuma und Paprikapulver in einer Schüssel mit dem Zitronensaft, Salz und Pfeffer verrühren und die Schnittflächen damit bestreichen.
7. Die Grünkohlchips aus dem Ofen nehmen und beiseitestellen. Süßkartoffeln in den Ofen geben und in 30–45 Minuten (je nach Dicke) weich garen.
8. Feta mit einer Gabel zerpflücken, Walnüsse grob hacken. Süßkartoffeln auf 2 Tellern anrichten, mit Leinöl beträufeln und Feta, Walnüsse und Grünkohlchips darüberstreuen.

Tipp: Von den Grünkohlchips können Sie auch die doppelte Menge zubereiten (mehr hat auf einem Backblech nicht Platz). Sie sind eine leckere Knabberei!

Hirsotto mit Brokkoli und Möhren

Für 2 Portionen
Pro Portion: 405 kcal, 10 g E, 12 g F, 58 g KH

200 g Brokkoli
1 kleine rote Paprikaschote
100 g Möhren
500 ml Wasser
100 g Goldhirse
1 Zwiebel
1 EL Kokosöl
20 g Erdmandelflocken
250 ml Gemüsebrühe
1 Fleischtomate
Salz, Pfeffer
1–2 EL Zitronensaft (oder Apfelessig)

1. Brokkoli waschen und die Köpfchen in mundgerechten Stücken abschneiden. Den Stiel putzen, schälen und in Würfel schneiden. Die Paprikaschote waschen, putzen und längs in Streifen schneiden. Die Möhren schälen, putzen und in Scheiben schneiden.
2. Wasser in einen Topf füllen und zum Kochen bringen. Dämpfeinsatz hineingeben und das Gemüse darin verteilen. Gemüse in etwa 15 Minuten weich dämpfen.
3. Die Hirse in ein Sieb geben und heiß abbrausen. Abtropfen lassen.
4. Die Zwiebel abziehen und klein würfeln. Kokosöl in einer beschichteten Pfanne erhitzen und Zwiebeln darin goldgelb braten. Hirse, Erdmandelflocken und Gemüsebrühe dazugeben. Alles aufkochen und bei geringer Hitze zugedeckt 10 Minuten quellen lassen.
5. Die Tomate waschen, halbieren, den Stielansatz und die Kerne entfernen und das Fruchtfleisch in schmale Streifen schneiden.
6. Tomatenstreifen und das gedämpfte Gemüse unter die Hirse heben und das Ganze mit Salz, Pfeffer und Zitronensaft oder Apfelessig abschmecken.

Info: Hirse ist mit ihren B-Vitaminen, Phosphat und Eisen gut für Nerven, Muskeln, Knochen, Blut und den Eiweißstoffwechsel. Wichtig für Vegetarier und Veganer: Das pflanzliche Eisen kann besser verwertet werden, wenn Vitamin C ins Spiel kommt. Träufeln Sie einfach etwas Zitronensaft über Ihr Hirsegericht.

Quark-Pizza

Für 2 Portionen
Pro Portion: 516 kcal, 39 g E, 35 g F, 12 g KH

FÜR DEN TEIG:

- 125 g Käse (z. B. Bergkäse, Gouda oder Emmentaler)
- 150 g Quark (20 % Fett)
- 2 Eier (Größe M)
- 3 EL geschrotete Leinsamen (oder Haferkleie)
- ½ TL Salz

FÜR DEN BELAG:

- 200 ml passierte Tomaten (aus der Dose)
- 1 TL getrockneter Oregano
- Salz, Pfeffer
- 100 g Cocktailtomaten
- 75 g kleine weiße Champignons
- 20 g schwarze Oliven (entsteint)
- 1 Peperonischote (nach Belieben)
- 2 Stängel frisches Basilikum

1. Den Backofen auf 200 °C Ober-/Unterhitze (Umluft 180 °C) vorheizen.
2. Für den Teig den Käse fein reiben. 75 g Käse zum Bestreuen beiseitestellen. Quark und Eier in einer Schüssel mit dem Schneebesen schaumig rühren. Den restlichen Käse, Leinsamen und Salz dazugeben und unterrühren.
3. Ein Backblech mit Backpapier auslegen. Den Teig zu einem ca. 25 x 25 cm großen Quadrat verstreichen und auf der mittleren Schiene im Ofen in 15–20 Minuten zum Trocknen vorbacken.
4. Währenddessen für den Belag die passierten Tomaten in einer Schüssel mit Oregano, Salz und Pfeffer verrühren. Cocktailtomaten waschen und halbieren oder in Scheiben schneiden. Champignons mit Küchenkrepp abreiben, putzen und in Scheiben schneiden.
5. Oliven in Scheiben schneiden. Peperonischote, wenn verwendet, waschen, putzen, entkernen und in Streifen schneiden. Basilikum waschen, trocken schütteln und die Blätter von den Stängeln zupfen
6. Den heißen Pizzaboden mit der Tomatensoße bestreichen, mit Tomaten-, Champignons- und Olivenscheiben sowie evtl. Peperonistreifen belegen. Mit dem beiseitegelegten geriebenen Käse bestreuen. Pizza auf der mittleren Schiene im Ofen 15 Minuten backen, bis der Käse geschmolzen und goldgelb ist.
7. Pizza mit Basilikum bestreut sofort servieren.

Info: Quark liefert – wie auch Buttermilch und Naturjoghurt – viel Kalium, das ein erstklassiger Stoffwechsel-Anreger ist. Dazu enthält er noch eine Reihe wichtiger Bausteine für den Zellstoffwechsel. Am besten funktioniert das, wenn auch noch die richtigen Fettsäuren, wie hier die Alpha-Linolensäure aus dem Leinsamen, hinzukommen. Sportler schwören auf Quark als Fitness-Snack!

Blumenkohlcurry mit Kürbis und Spinat

Für 2 Portionen
Pro Portion: 223 kcal, 7 g E, 16 g F, 11 g KH

300 g Blumenkohl (ca. ½ Kopf)
200 g Hokkaidokürbis (geputzt gewogen)
100 g frischer Spinat
1 Stück frischer Ingwer (walnussgroß)
1 EL Kokosöl
1 EL Madras-Currypulver
1 TL gemahlene Kurkuma
100 ml cremige Kokosmilch
Wasser oder Gemüsebrühe (nach Bedarf)
Salz, Pfeffer

1. Blumenkohl putzen, waschen und mundgerechte Röschen abschneiden. Strunk klein würfeln. Die Schale des Kürbis mit einem feuchten Tuch reinigen, die Kerne entfernen und das Fruchtfleisch würfeln. Spinat waschen, verlesen und in einem Sieb abtropfen lassen.
2. Ingwer schälen und in sehr kleine Würfel schneiden. Kokosöl in einer beschichteten Pfanne erhitzen, Ingwer, Blumenkohl und Kürbis dazugeben und 5 Minuten unter Rühren anbraten.
3. Spinat, Currypulver und Kurkuma dazugeben und weitere 5 Minuten unter Rühren braten.
4. Mit der Kokosmilch ablöschen und alles 10 Minuten zugedeckt bei geringer Hitze sanft köcheln lassen. Eventuell etwas Wasser oder Gemüsebrühe zufügen.
5. Curry mit Salz und Pfeffer abschmecken und auf 2 tiefe Teller verteilen.

Tipp: Wer mag, kann das Gericht mit Mandelblättchen bestreuen, die zuvor in einer beschichteten Pfanne ohne Fett goldgelb geröstet wurden. Mandeln sind sehr wirksam zur Aktivierung des Stoffwechsels.

Kabeljau auf Zucchini-Feldsalat

Für 2 Portionen
Pro Portion: 402 kcal, 38 g E, 24 g F, 9 g KH

½ Zitrone
400 g Kabeljaufilet
3 EL Olivenöl
Salz, Pfeffer
200 g Zucchini
1 gelbe Paprikaschote
40 g Feldsalat
1 Kästchen Kresse
schwarzer (oder bunter) Pfeffer aus der Mühle
2 TL Paprikaflocken (nach Belieben)

1. Die Zitrone auspressen. Kabeljaufilet quer halbieren, mit Küchenkrepp trocken tupfen und mit 1 EL Zitronensaft beträufeln.
2. In einer Salatschüssel aus dem restlichen Zitronensaft, 1 EL Öl, Salz und Pfeffer ein Dressing rühren.
3. Zucchini und Paprikaschote waschen, putzen und in Scheiben bzw. Streifen schneiden. Feldsalat und Kresse waschen und gut abtropfen lassen. Feldsalat verlesen, Kresse mit einer Schere vom Vlies schneiden.
4. 1 EL Öl in einer beschichteten Pfanne erhitzen und zunächst die Paprikastreifen darin anbraten. Mit einem Pfannenheber herausnehmen und in das Dressing legen. Die Zucchinischeiben in der Pfanne unter Rühren braten, bis sie Farbe angenommen haben. Die Pfanne etwas auskühlen lassen.
5. Zucchinischeiben und Feldsalat in die Salatschüssel geben, alles gut vermischen und Salat auf 2 Teller verteilen. Das Dressing aus der Schüssel aufbewahren.
6. Das restliche Olivenöl in die Pfanne geben und den Fisch bei geringer Hitze darin 2 Minuten auf jeder Seite braten. Kurz vor Bratende mit dem Dressing ablöschen und dieses einkochen lassen.
7. Kabeljau auf den Salat setzen, mit schwarzem Pfeffer, Kresse und – nach Belieben – Paprikaflocken bestreuen.

Info: Über das hochwertige Eiweiß aus Kabeljau und anderen fettarmen Fischen ist Ihr Stoffwechsel hocherfreut! Denn Eiweiß ist der wichtigste Baustoff für Ihre Zellen, Muskeln, Hormone und Enzyme.

Fettreiche Fische wie Lachs, Hering oder Thunfisch punkten neben ihrem Eiweißgehalt zusätzlich mit den Omega-3-Fettsäuren, die für Gehirn und Blutfettwerte von Bedeutung sind.

Tipp: Sie können den Kabeljau auf einen beliebig anderen Salat betten – wichtig ist hier die große Portion Eiweiß, mit der Sie Ihren Stoffwechsel antreiben können.

Pak Choi mit Kräuterseitlingen

Für 2 Portionen
Pro Portion: 224 kcal, 7 g E, 16 g F, 12 g KH

300 g Pak Choi (oder Mangold)
300 g Kräuterseitlinge (oder Austernpilze)
50 g frischer Ingwer
1 kleine Zwiebel
2 EL Kokosöl
4 EL Apfelessig
2–3 EL Sojasoße
Salz, Pfeffer

1. Pak Choi putzen, in Blätter teilen und unter fließendem Wasser gründlich säubern. Abtropfen lassen und Stiele in etwa 1 cm breite Streifen schneiden, bis nur noch Blattgrün vorhanden ist. Dieses beiseitelegen.
2. Pilze mit einer weichen Bürste säubern und in mundgerechte Würfel schneiden. Ingwer und Zwiebel schälen und sehr klein würfeln.
3. Kokosöl in einer geräumigen Pfanne erhitzen. Ingwer- und Zwiebelwürfel darin glasig dünsten, die Pak-Choi-Stiele dazugeben und unter Rühren bissfest braten.
4. Die Blätter und die Pilze dazugeben und rühren, bis die Blätter zusammengefallen sind.
5. Mit Apfelessig und Sojasoße ablöschen und mit Salz und Pfeffer abschmecken.

Kleinere Gerichte und Salate

Linsen-Dal mit Spinat

Für 2 Portionen
Pro Portion: 480 kcal, 30 g E, 17 g F, 51 g KH

- 1 Zwiebel
- 1 EL Kokosöl
- 1 TL mildes Currypulver
- ½ TL gemahlene Kurkuma
- 1 getrocknete Chilischote (oder ½ TL Peperoncino-Gewürz)
- 180 g gelbe Linsen
- 800 ml Gemüsebrühe
- 300 g frischer Spinat
- Salz, schwarzer Pfeffer aus der Mühle

1. Die Zwiebel abziehen und fein hacken. Kokosöl in einem Topf erhitzen und die Zwiebeln darin goldgelb braten.
2. Currypulver, Kurkuma, Chilischote, Linsen und Brühe dazugeben. Aufkochen lassen und anschließend bei geringer Hitze 25 Minuten köcheln lassen, bis die Flüssigkeit komplett aufgesogen ist und die Linsen cremig und sehr weich sind.
3. In der Zwischenzeit den Spinat waschen, verlesen und zum Abtropfen in ein Sieb geben. Dann unter die Linsen rühren und weitere 5 Minuten garen, bis der Spinat weich ist.
4. Chilischote entfernen, Linsen-Dal mit Salz und Pfeffer abschmecken und auf 2 tiefe Teller verteilen.

Info: Dal (auch Daal oder Dhal) bezeichnet ein indisches/pakistanisches Hülsenfruchtgericht, bei dem Linsen, Bohnen oder Kichererbsen sehr weich, fast breiartig zerkocht werden.

Ofen-Blumenkohl mit Joghurt

Für 2 Portionen
Pro Portion: 294 kcal, 13 g E, 20 g F, 14 g KH

1 Blumenkohl (ca. 750 g)
1 TL Salz
½ TL Paprikapulver (rosenscharf oder edelsüß)
½ TL gemahlene Kurkuma
2 EL Olivenöl
2 EL Zitronensaft
1 Knoblauchzehe
200 ml Joghurt
Pfeffer

1. Den Backofen auf 200 °C Ober-/Unterhitze (Umluft 180 °C) vorheizen. Ein Backblech mit Backpapier auslegen.
2. Den Blumenkohl waschen, putzen und den harten Strunk herausschneiden. Kopf in Röschen zerteilen.
3. In einer Schüssel Salz, Paprikapulver, Kurkuma, Olivenöl und Zitronensaft verrühren. Blumenkohlröschen hineingeben und mit den Händen gut mit den Gewürzen vermischen. Blumenkohl auf dem Backblech verteilen und auf der mittleren Schiene im Ofen in 30 Minuten goldgelb backen.
4. In der Zwischenzeit die Knoblauchzehe abziehen und durch eine Knoblauchpresse drücken. Joghurt in eine Schüssel geben und mit Salz, Pfeffer und Knoblauch vermischen. Bis zum Servieren ziehen lassen.

Tipp: Zum Mitnehmen können Sie den Blumenkohl gleich mit dem Joghurt und evtl. etwas gehackter Petersilie vermischen und nach Belieben mit mehr Zitronensaft zu einer Art Salat abschmecken.

Scharfe Süßkartoffeln mit Sesam

Für 2 Portionen
Pro Portion: 287 kcal, 6 g E, 12 g F, 41 g KH

400 g Süßkartoffeln
1 EL Olivenöl
½ TL rosenscharfes Paprikapulver
½ TL edelsüßes Paprikapulver
¼ TL gemahlene Kurkuma
1 EL Sesamsaat

1. Den Backofen auf 200 °C Ober-/Unterhitze (Umluft 180 °C) vorheizen.
2. Die Schalen der Süßkartoffeln mit einer Bürste sorgfältig reinigen. Knollen dann in etwa 5 mm dicke Scheiben oder in Stäbchen-Form schneiden.
3. In einer geräumigen Schüssel Olivenöl, Paprikapulver, Kurkuma und Sesamsaat verrühren. Die Süßkartoffeln am besten mit den Händen darin wenden, bis sie rundherum von Öl überzogen sind.
4. Ein Backblech mit Backpapier auslegen, die Süßkartoffeln darauf ausbreiten und im vorgeheizten Backofen 15–18 Minuten backen.

Tipp: Die Süßkartoffeln können Sie als Beilage essen oder mit etwas saurer Sahne oder Schmand als Hauptmahlzeit.

Süßkartoffel mit Guacamole und Rucola

Für 2 Portionen
Pro Portion: 507 kcal, 6 g E, 22 g F, 67 g KH

2 etwa gleich große Süßkartoffeln (ca. 500 g)
1 EL Olivenöl
¼ TL gemahlene Kurkuma
¼ TL rosenscharfes Paprikapulver (oder Cayennepfeffer)
½ TL Salz
1 große Avocado (ca. 200 g)
25 g Rucola
1 Knoblauchzehe
½ Limette (oder Zitrone)
Pfeffer
1 große Fleischtomate (nach Belieben)

1. Den Backofen auf 180 °C Ober-/Unterhitze (Umluft 160 °C) vorheizen.
2. Die Süßkartoffeln gründlich mit einer Bürste reinigen, längs halbieren und mit der Schnittfläche nach oben auf ein Backblech legen. Mit einer Gabel an der Schnittfläche mehrmals einstechen.
3. Olivenöl, Kurkuma, Paprikapulver und Salz in einer kleinen Schüssel verrühren und die Schnittflächen der Süßkartoffeln damit bestreichen. Süßkartoffeln im Ofen in 25–30 Minuten weich backen.
4. In der Zwischenzeit die Avocado halbieren, Kern entfernen und das Fruchtfleisch aus der Schale lösen. Rucola in ein Sieb geben, abbrausen und gut abtropfen lassen. Knoblauch schälen und klein schneiden. Limette auspressen.
5. 10 g Rucola klein schneiden und mit Knoblauch und Limettensaft im Mixer zerkleinern. Avocado dazugeben und nach Geschmack sehr fein oder gröber zu einer Creme mixen. Mit Salz und Pfeffer abschmecken.
6. Falls verwendet, die Tomate waschen, vierteln, Kerne und Stielansatz entfernen und das Fruchtfleisch würfeln.
7. Süßkartoffeln auf 2 Teller verteilen, mit Rucola belegen und je 1 EL Guacamole daraufsetzen. Nach Belieben die Tomatenwürfel darüberstreuen und die restliche Guacamole getrennt dazureichen.

Gefüllte Auberginen

Für 2 Portionen
Pro Portion: 355 kcal, 8 g E, 19 g F, 29 g KH

2 Auberginen (à ca. 350 g)
Salz
1 rote Paprikaschote
1 Möhre
1 Fleischtomate
1 Zwiebel
1–2 Knoblauchzehen
2 EL Olivenöl
2 EL Tomatenmark
1 TL All'arrabbiata-Gewürz
½ TL gemahlener Zimt
3 EL Apfelessig
Pfeffer
6 Blätter frisches Basilikum
4 EL geriebener Parmesan (nach Belieben)

1. Den Backofen auf 180 °C Ober-/Unterhitze (Umluft 160 °C) vorheizen.
2. Die Auberginen waschen, putzen, längs halbieren und die Schnittflächen mit einem scharfen Messer etwa 1 cm tief kreuzweise einschneiden. Die Schnittflächen großzügig salzen. Etwa 15 Minuten ziehen lassen, dann mit einem Teelöffel das Fruchtfleisch aus der Schale heben und dabei einen etwa 1 cm dicken Rand stehen lassen.
3. Paprikaschote waschen, putzen und in Streifen schneiden. Die Möhre schälen, putzen, längs vierteln und in dünne Scheiben schneiden. Die Tomate waschen, Stielansatz und Kerne entfernen und das Fruchtfleisch würfeln. Zwiebel und Knoblauch schälen. Zwiebel würfeln und Knoblauch in Scheiben schneiden.
4. Olivenöl in einer beschichteten Pfanne erhitzen und Zwiebeln, Knoblauch und Möhren darin unter Rühren etwa 3 Minuten anbraten. Die Paprikastreifen dazugeben und alles zusammen weitere 5 Minuten braten.
5. Auberginenfruchtfleisch klein hacken und zusammen mit den Tomatenwürfeln einrühren.
6. Das Tomatenmark unterrühren und kurz mitbraten. Mit All'arrabbiata-Gewürz und Zimt bestreuen und mit Apfelessig ablöschen. Mit Salz und Pfeffer abschmecken.
7. Ein Backblech mit Backpapier auslegen und die ausgehöhlten Auberginen daraufsetzen. Mit der Gemüsemasse füllen und 25–30 Minuten backen, bis der Auberginenrand weich ist.
8. Basilikumblätter waschen, mit Küchenkrepp trocken tupfen und nach Belieben in Streifen schneiden.
9. Auberginen auf 2 Teller verteilen und mit Basilikum und evtl. Parmesan bestreuen.

Info: Auberginen nie roh essen! Sie enthalten das giftige Solanin, das Magen-Darm-Beschwerden und Übelkeit auslösen kann. Außerdem schmecken sie roh ohnehin nicht.
Gekocht entfalten Auberginen jedoch eine segensreiche Wirkung, wobei sich das Beste in der Schale befindet. Viel Kalium bringt den Stoffwechsel in Schwung. Und da Kalium die Wasserverteilung im Körper reguliert, sorgt es für pralle, straffe Haut.

Avocados mit Thunfischsalat

Für 2 Portionen
Pro Portion: 436 kcal, 18 g E, 28 g F, 17 g KH

- 1 Zitrone
- 2 EL Leinöl
- Salz, Pfeffer
- 1 kleine rote Zwiebel
- 100 g Radieschen
- ½ rote Paprikaschote
- 2 Stängel glatte Petersilie
- 1 kleine Dose Mais (140 g Abtropfgewicht)
- 1 Dose Thunfisch naturell (ca. 120 g Abtropfgewicht)
- 2 kleine Avocados (à ca. 150 g)

1. Die Zitrone auspressen. Aus Zitronensaft, Leinöl, Salz und Pfeffer in einer Salatschüssel ein cremiges Dressing rühren.
2. Die Zwiebel abziehen und in kleine Würfel schneiden. Gleich mit dem Dressing vermischen und darin etwas ziehen lassen.
3. Die Radieschen und die Paprikaschote waschen, putzen und klein würfeln. Petersilie waschen, trocken schütteln, die Blätter von den Stängeln zupfen und hacken.
4. Mais und Thunfisch abtropfen lassen, mit Radieschen und Paprika in die Salatschüssel geben und alles gut vermischen.
5. Die Avocados längs halbieren und die Kerne entfernen. Etwas vom Fruchtfleisch mit einem Löffel herausschälen, sodass ein etwa 1 cm breiter Rand in der Frucht stehen bleibt. Fruchtfleisch klein schneiden und mit dem Salat vermischen.
6. Avocadohälften auf 2 Tellern anrichten und je 2 EL Salat hineingeben. Mit Petersilie bestreuen und den restlichen Salat getrennt dazureichen.

Tipp: Als Vorspeise oder Imbiss können auch 4 Personen die gefüllten Avocados genießen. Pro Person eine Avocado füllen – dann bleibt auch kein Salat übrig (pro Portion: 298 kcal, 10 g E, 20 g F, 10 g KH). Nach Belieben können Sie auch noch 1–2 Tomaten entkernen, in Würfel schneiden und in die Füllung geben.

Sauerkrautpuffer mit Erdmandelflocken

Für 4 Portionen (12 Stück)
Pro Stück: 340 kcal, 8 g E, 17 g F, 36 g KH

1 Zwiebel
300 g mehligkochende Kartoffeln
200 g Äpfel
100 g Erdmandelflocken
2 Eier (Größe M)
Salz, Pfeffer
400 g Sauerkraut
2 EL Rapsöl

1. Den Backofen auf 200° C Ober-/Unterhitze (Umluft 180° C) vorheizen.
2. Zwiebel abziehen und fein hacken. Kartoffeln schälen und waschen. Äpfel schälen und das Kerngehäuse entfernen. Kartoffeln und Äpfel reiben.
3. Erdmandelflocken, Kartoffel-Apfel-Gemisch, Eier, Salz und Pfeffer in einer Schüssel vermischen.
4. Das Sauerkraut gut abtropfen lassen, mit einer Gabel zerpflücken, zum Teig geben und unterrühren.
5. Ein Backblech mit dem Öl bepinseln und aus dem Teig 12 Puffer von etwa 10 cm Ø formen. Im Ofen in 10–12 Minuten goldgelb backen, dabei einmal wenden.

Tipp: Sie können die Puffer auch in einer Pfanne braten: jeweils 4 Stück mit 1 EL Öl bei milder Hitze von jeder Seite ca. 2 Minuten. Im vorgeheizten Backofen warm halten, bis alle Puffer fertig sind. Die Sauerkrautpuffer können Sie solo, mit etwas gesalzener saurer Sahne oder als Beilage zu deftigem Fleisch genießen.

Weißkohlsalat mit Sellerie und Orangen

Für 2 Portionen
Pro Portion: 276 kcal, 5 g E, 19 g F, 20 g KH

15 g Sonnenblumenkerne
2 Orangen
150 g Weißkohl (restlichen Kohl z. B. für eine Suppe verwenden)
100 g Möhren
1–2 Stängel Staudensellerie (ca. 100 g)
Salz, Pfeffer
2 EL Olivenöl

1. Die Sonnenblumenkerne in einer beschichteten Pfanne ohne Fett rösten und beiseitestellen.
2. 1 Orange auspressen. Die andere Orange schälen, die weiße Haut entfernen und die Frucht in Spalten teilen.
3. Den Weißkohl in Blätter zerteilen, evtl. die harten Mittelrippen entfernen, die Blätter waschen und in Streifen schneiden. Die Möhren schälen, putzen und in Stifte schneiden. Den Staudensellerie, wenn nötig, dünn abschälen und quer in 5 mm breite Stücke schneiden.
4. Aus Orangensaft, Salz, Pfeffer und Olivenöl in einer Salatschüssel mit dem Schneebesen ein Dressing rühren. Die vorbereiteten Zutaten (außer den Orangenspalten) zugeben, untermischen und 15–20 Minuten ziehen lassen.
5. Salat auf 2 Tellern anrichten, mit den Sonnenblumenkernen bestreuen und mit den Orangenspalten garniert servieren.

Pikante Paprika-Tomaten-Suppe mit Garnelen

Für 4 Portionen
Pro Portion: 234 kcal, 15 g E, 10 g F, 21 g KH

- 1 rote Zwiebel
- 1 Knoblauchzehe
- 2 EL Olivenöl
- ¼ TL Peperoncino-Gewürz (oder Chiliflocken)
- 2 EL Tomatenmark
- 500 ml Gemüsebrühe
- 1 TL gemahlene Kurkuma
- 2 Paprikaschoten (rot und gelb)
- 1 Fleischtomate
- ½ Salatgurke (nach Belieben)
- 200 g gekochte, geschälte Garnelen
- 2 Stängel glatte Petersilie
- 400 ml passierte Tomaten (aus der Dose)
- 400 g gehackte Tomaten (aus der Dose)
- Salz, Pfeffer
- Balsamessig

1. Die Zwiebel abziehen und fein würfeln. Die Knoblauchzehe schälen und durch eine Knoblauchpresse drücken.
2. Olivenöl in einem geräumigen Topf erhitzen und Zwiebeln und Knoblauch darin goldgelb braten. Peperoncino-Gewürz und Tomatenmark einrühren und kurz mitbraten. Mit Gemüsebrühe ablöschen und Kurkuma einrühren. Aufkochen und bei milder Hitze weiterköcheln lassen.
3. In der Zwischenzeit die Paprikaschoten waschen, putzen und würfeln. Die Tomate waschen, vierteln, Stielansätze und Kerne entfernen und das Fruchtfleisch ebenfalls würfeln. Wenn verwendet, die Gurke waschen, schälen und in Würfel schneiden. Etwa 4 EL vom gewürfelten Gemüse beiseitestellen. Den Rest zur Suppe geben und in 10–12 Minuten weich kochen.
4. Die Garnelen in ein Sieb geben, kalt abbrausen und abtropfen lassen. Petersilie waschen, trocken schütteln und die Blätter von den Stängeln zupfen.
5. Passierte und gehackte Tomaten in den Topf geben und aufkochen lassen. Mit Salz, Pfeffer und Balsamessig abschmecken.
6. Suppe auf 4 Teller verteilen, das restliche Gemüse und die Garnelen daraufgeben und mit Petersilie bestreuen.

Tipp: Die pikante Tomatensuppe können Sie auch eiskalt – nach Art einer Gazpacho – servieren. Lecker obenauf: frisch geriebener Parmesan!

Spinat-Avocado-Creme

Für 2 Portionen
Pro Portion: 252 kcal, 8 g E, 18 g F, 10 g KH

300 g frischer Spinat (oder TK-Spinat)
1 Zwiebel
1 EL Olivenöl
400 ml Gemüsefond (oder Fleischfond)
1 kleine Avocado (ca. 150 g)
Salz, Pfeffer
etwas frisch geriebene Muskatnuss
etwas Zitronensaft

1. Frischen Spinat waschen, verlesen und gut abtropfen lassen. TK-Spinat antauen lassen.
2. Zwiebel abziehen und klein hacken. Öl in einem beschichteten Topf erhitzen und Zwiebeln darin glasig dünsten.
3. Spinat und Fond dazugeben und Spinat in 12 Minuten (frischer Spinat) oder 8 Minuten (TK-Spinat) weich kochen.
4. In der Zwischenzeit die Avocado längs halbieren, den Kern entfernen, das Fruchtfleisch aus der Schale heben und grob würfeln.
5. Avocado zur Suppe geben und das Ganze mit dem Pürierstab oder im Mixer zu einer Creme pürieren. Mit Salz, Pfeffer, Muskatnuss und Zitronensaft abschmecken.

Tipp: Was von der Suppe übrig bleibt, können Sie mit etwas Wasser, Milch oder Buttermilch zu einem würzigen Smoothie verarbeiten.

Lauchcreme mit Cajun-Garnelen

Für 2 Portionen
Pro Portion: 212 kcal, 9 g E, 16 g F, 8 g KH

1 dicke Stange Lauch (ca. 300 g, geputzt gewogen)
1 kleine Zwiebel
1 EL Kokosöl
600 ml Gemüsebrühe
3 Stängel Dill
100 g gekochte, geschälte Garnelen
½ TL Cajun-Gewürz (oder Cayennepfeffer)
1 TL Olivenöl
Salz, Pfeffer
etwas Zitronensaft (nach Belieben)

1. Den Lauch putzen, am oberen Ende längs aufschlitzen, auffächern und gründlich waschen. Lauch in etwa 5 mm breite Streifen schneiden. Die Zwiebel abziehen, halbieren und in Scheiben schneiden.
2. Kokosöl in einem Topf erhitzen und die Zwiebeln darin leicht andünsten. Den Lauch dazugeben und unter Rühren 3 Minuten anbraten. Mit der Gemüsebrühe ablöschen und Gemüse in 15 Minuten bei mittlerer Hitze weich köcheln.
3. In der Zwischenzeit den Dill waschen, trocken schütteln, die Blättchen von den Stängeln zupfen und fein hacken.
4. Die Garnelen in ein Sieb geben, kalt abbrausen und mit Küchenkrepp trocken tupfen. In eine Schüssel geben und mit dem Cajun-Gewürz vermischen.
5. Eine beschichtete Pfanne mit Olivenöl auspinseln, erhitzen und die Garnelen darin scharf anbraten. Beiseitestellen.
6. Die Lauchsuppe mit einem Pürierstab feiner oder gröber – je nach Belieben – pürieren. Den Dill unterrühren. Suppe mit Salz, Pfeffer und nach Belieben mit Zitronensaft pikant abschmecken, auf 2 Teller oder große Gläser verteilen und die Garnelen obenauf geben.

Info: Cajun ist ein scharfes Gewürz, das in den amerikanischen Südstaaten beheimatet ist, mittlerweile aber auf dem ganzen Kontinent – besonders bei Grillfans als Rub – beliebt ist. Auch in Europa hat sich der vielfältige Einsatz dieser Gewürzmischung herumgesprochen. Sie bekommen Cajun-Gewürz in gut sortierten Supermärkten und im Internet.

Rote-Bete-Creme mit Birnen

Für 4 Portionen
Pro Portion: 190 kcal, 3 g E, 9 g F, 27 g KH

500 g frische Rote Beten
1 rote Zwiebel
1–2 Knoblauchzehen
200 g Staudensellerie
2 Birnen
1 EL Zitronensaft
1 EL Rapsöl
500 ml Gemüsebrühe
Salz, Pfeffer
4 Zweige Thymian
4 TL Leinöl

1. Die Roten Beten säubern, in einen Topf geben, mit Wasser bedecken und – je nach Größe – in etwa 40–60 Minuten weich kochen. Abgießen und abkühlen lassen. Mit geschützten Händen schälen und in Würfel schneiden.
2. Die Zwiebel abziehen und würfeln. Knoblauch schälen und durch eine Knoblauchpresse drücken. Staudensellerie, wenn nötig, dünn abschälen und in Streifen schneiden.
3. Die Birnen schälen, vierteln und die Kerngehäuse entfernen. 2 Birnenviertel mit Zitronensaft beträufeln und zum Garnieren beiseitestellen. Die restlichen Birnen würfeln.
4. Rapsöl in einem beschichteten Topf erhitzen und Zwiebeln, Knoblauch und Staudensellerie darin goldgelb anbraten. Die Birnen- und Rote-Bete-Würfel dazugeben, mit Brühe aufgießen und alles 10 Minuten köcheln lassen. Anschließend mit dem Stabmixer – je nach Wunsch – fein oder grob pürieren. Mit Salz und Pfeffer abschmecken.
5. Thymian waschen, trocken schütteln und die Blätter abzupfen. Die beiseitegestellten Birnenviertel in Streifen schneiden.
6. Suppe auf 4 Tellern verteilen, Birnenstreifen und Thymian in die Mitte geben und mit je 1 TL Leinöl beträufeln.

Tipps: Wenn Sie möchten, können Sie noch pro Portion 10–15 g Blauschimmelkäse mit einer Gabel zerbröseln und obenauf geben. Das gibt einen Aroma-Kick, bringt aber auch mehr Kalorien.
Selbst gekochte Rote Bete schmeckt wesentlich aromatischer als die vorgekochten und vakuumierten Exemplare, die Sie natürlich auch verwenden können – es gibt sie sogar in Bio-Qualität.

Erdbeer-Avocado-Salat mit Garnelen

Für 2 Portionen

Pro Portion: 383 kcal, 15 g E, 29 g F, 9 g KH

- 2 EL Balsamessig (oder mehr nach Belieben)
- Salz, Pfeffer
- 2 EL Olivenöl
- 150 g gekochte, geschälte Garnelen
- 1 große Avocado (ca. 200 g)
- 50 g Rucola
- 50 g Eisbergsalat (oder Romanasalat)
- 150 g Erdbeeren

1. Aus Essig, Salz, Pfeffer und Olivenöl in einer Salatschüssel mit dem Schneebesen ein Dressing rühren.
2. Die Garnelen in ein Sieb geben, kalt abbrausen und gut abtropfen lassen. Avocado längs halbieren, Kern entfernen und das Fruchtfleisch mit einem Löffel herausheben. In Scheiben oder Spalten schneiden.
3. Garnelen und Avocado mit dem Dressing vermischen und etwas durchziehen lassen.
4. In der Zwischenzeit Rucola und Eisbergsalat waschen und gut abtropfen lassen. Rucola verlesen und evtl. die harten Stiele entfernen. Eisbergsalat in Streifen schneiden. Die Erdbeeren behutsam waschen, die Stiele entfernen und die Früchte halbieren oder vierteln.
5. Salat unter die Zutaten in der Salatschüssel heben und nochmals mit Salz, Pfeffer und – je nach Geschmack – etwas mehr Balsamessig abschmecken. Die Erdbeeren obenauf geben.

Tipp: Wenn Ihnen Rucola zu herb ist (obwohl seine Bitterstoffe gut zu den süßen Erdbeeren passen), machen Sie den Salat einfach nur aus Eisberg- oder Romanasalat. Besonders geeignet sind hier die Salatherzen.

Info: Rucola enthält, wie auch Chicorée, Grapefruit, Aubergine oder Brokkoli, reichlich Bitterstoffe, die als Fatburner gelten. Für die Gallenblase sind die Bitterstoffe lebenswichtig, da sie sonst keine Gallenflüssigkeit bilden kann. Zu wenig Bitterstoffe in der Ernährung führt zu Verdauungsproblemen und schwächt den Stoffwechsel.
Die Wirkung der Bitterstoffe auf unsere Verdauung erfolgt sofort in dem Moment, wenn sie unsere Zunge da berühren, wo die Bitterrezeptoren sitzen. Die Aufnahme stimuliert dann den Magen, die Leber, die Gallenblase und die Bauchspeicheldrüse.

Quinoa-Avocado-Salat mit Bohnen und Mais

Für 4 Portionen
Pro Portion: 329 kcal, 8 g E, 15 g F, 35 g KH

4 Lauchzwiebeln
1 EL Olivenöl
150 g helle Quinoa
350 ml Gemüsebrühe
½ TL Cayennepfeffer (oder rosenscharfes Paprikapulver)
2 kleine Avocados (à ca. 150 g)
½ Zitrone
1 Dose Goldmais »Texas Mix« (ca. 265 g Abtropfgewicht)
Salz
etwas weißer Essig

1. Lauchzwiebeln putzen, waschen und mit viel Grün in Ringe schneiden. Olivenöl in einem mittelgroßen Topf erhitzen und die Zwiebeln darin andünsten.
2. Quinoa, Brühe und Cayennepfeffer dazugeben, zugedeckt aufkochen lassen und bei reduzierter Hitze 15 Minuten köcheln lassen. Anschließend den Topf vom Herd nehmen und Quinoa 15–20 Minuten ziehen lassen.
3. In der Zwischenzeit die Avocados längs halbieren, die Kerne entfernen, das Fruchtfleisch aus den Schalen heben und längs in Streifen schneiden. Die Zitrone auspressen und den Saft über die Avocadostreifen träufeln.
4. Mais und Kidneybohnen aus der Dose abtropfen lassen, unter die Quinoa mischen und Salat mit Salz und Essig abschmecken. Auf 2 Tellern verteilen und die Avocadostreifen darauflegen.

Tipp: Den Quinoasalat können Sie warm oder kalt essen. Sie können übrig gebliebene Portionen 1–2 Tage im Kühlschrank aufbewahren. Er eignet sich auch gut zum Mitnehmen – die Avocado aber jeweils erst kurz vor dem Verzehr aufschneiden und dazugeben.

Info: Die südamerikanische Quinoa, die als Pseudogetreide und Superfood bekannt geworden ist, enthält alle essentiellen Aminosäuren, viele Ballaststoffe und Eisen für die Blutbildung. Die Liste ist lang, was Quinoa alles bewirken kann, und laufend kommen neue Erkenntnisse über die gesundheitlichen Wohltaten der glutenfreien Körnchen dazu. Quinoa ist ein Alleskönner in der Küche, sie passt ins Müsli, in Suppen, auf Salate oder als Beilage. Es gibt sie hell, dunkel und rot oder in allen 3 Farben gemischt.

Grüner Spargelsalat mit Erdbeeren

Für 2 Portionen
Pro Portion: 192 kcal, 5 g E, 15 g F, 8 g KH

400 g grüner Spargel
½ l Wasser
50 g Babyspinat
100 g frische Erdbeeren
2 EL Apfelessig
1 TL scharfer Senf
Salz, Pfeffer
2 EL Leinöl
1 Handvoll Walnüsse

1. Das untere Drittel des Spargels abschälen und die Enden abschneiden. Die Stangen waschen und die Köpfchen abtrennen. Die Stangen in etwa 3 cm lange Stücke schneiden und in den Dampfgareinsatz legen. Die Köpfchen obenauf legen. Wasser in einem Topf zum Kochen bringen, den Dampfgareinsatz einsetzen und Spargel je nach Dicke in 10–15 Minuten bissfest garen. Abkühlen lassen.
2. Babyspinat waschen, verlesen und gut abtropfen lassen. Erdbeeren behutsam waschen, entstielen und halbieren.
3. Die vorbereiteten Zutaten auf 2 Tellern anrichten. Aus Essig, Senf, Salz, Pfeffer und Leinöl mit dem Schneebesen in einer kleinen Schüssel ein Dressing anrühren und über den Salat gießen.Mit Walnüssen garnieren.

Tipp: Mehr Frühling auf dem Teller geht nicht! Frischer Spargel, junger Spinat und duftende Erdbeeren vereinen sich zu einem Aroma, das Ihrem Stoffwechsel gute Laune macht. Die kalorienarme Kombination lässt sich bis tief in den Sommer hinein genießen – genau genommen bis zum 24. Juni, denn am Johannistag ist offiziell Schluss mit frischem Spargel aus heimischem Anbau.

Lachssalat mit Rucola und Honigdressing

Für 2 Portionen
Pro Portion: 492 kcal, 20 g E, 36 g F, 16 g KH

- 1 EL scharfer Dijonsenf
- 1 EL Honig
- 3 EL Apfelessig
- 2 EL Olivenöl
- Salz, Pfeffer
- 1 rote Zwiebel
- 100 g Rucola (oder Feldsalat)
- 1 große Avocado (ca. 200 g)
- ½ Zitrone
- 100 g Kirschtomaten
- 150 g Räucherlachs
- schwarzer Pfeffer aus der Mühle

1. Für das Dressing Senf, Honig, Essig, Öl, Salz und Pfeffer in einer Salatschüssel mit dem Schneebesen gut verrühren.
2. Die Zwiebel abziehen und in Scheiben schneiden. In das Dressing geben, gut vermischen und ziehen lassen.
3. In der Zwischenzeit Rucola in ein Sieb geben, abbrausen, verlesen und evtl. die harten Stiele abschneiden. Gut abtropfen lassen.
4. Avocado längs halbieren, den Kern entfernen und das Fruchtfleisch mit einem Löffel aus der Schale heben. In Streifen schneiden und mit dem Saft der Zitrone beträufeln.
5. Die Tomaten waschen und halbieren. Den Lachs in Streifen schneiden.
6. Alle Zutaten in der Salatschüssel miteinander vermischen, auf 2 Teller verteilen und mit Pfeffer aus der Mühle bestreuen.

Info: Lassen Sie sich nicht abschrecken vom hohen Fettgehalt der Avocado: 85 % ihrer Kalorien stammen aus Fett. Es sind aber äußerst gesunde Fette, die das »böse« LDL-Cholesterin senken und das »gute« HDL-Cholesterin erhöhen. Die enthaltene Oleinsäure bringt den Stoffwechsel in Schwung und fördert die Bildung von Antioxidantien. Mit Selen, Betacarotin und Lutein liefern Avocados auch viele entzündungshemmende Stoffe.

Rote-Bete-Rucola-Salat mit Orange

Für 2 Portionen
Pro Portion: 518 kcal, 18 g E, 41 g F, 15 g KH

25 g Pinienkerne
3 EL Apfelessig
Salz, Pfeffer
1 TL Kümmel
2 EL Leinöl (oder Olivenöl)
300 g Rote Bete (gekocht und vakuumverpackt)
100 g Rucola
1 Orange
150 g Schafskäse

1. Die Pinienkerne in einer beschichteten Pfanne ohne Fett goldgelb rösten, auf einen Teller legen und beiseitestellen.
2. Aus Essig, Salz, Pfeffer, Kümmel und Leinöl in einer Salatschüssel mit dem Schneebesen ein Dressing rühren.
3. Rote Bete in Würfel schneiden und im Dressing ziehen lassen.
4. Rucola waschen, verlesen, gut abtropfen lassen und unter die Rote Bete heben.
5. Die Orange schälen, die weiße Haut entfernen und die Frucht in Spalten teilen. Die Spalten längs halbieren, sodass sehr schmale Spalten entstehen. Den Schafskäse in Würfel schneiden.
6. Den Salat mit Schafskäse und Orangenspalten belegen und mit den Pinienkernen bestreuen.

Gebratene Kräuterseitlinge auf Radieschensalat

Für 2 Portionen
Pro Portion: 403 kcal, 11 g E, 33 g F, 13 g KH

2 EL Apfelessig
3 EL Olivenöl
Salz, Pfeffer
1 Msp. Chilipulver (oder rosenscharfes Paprikapulver)
2 Schalotten
1 Bund Radieschen (ca. 200 g, geputzt gewogen)
150 g Salatgurke
1 Fleischtomate
300 g Kräuterseitlinge
1 EL Butter
1 EL Sesamsaat
1 Stängel Petersilie
1 EL Schnittlauchröllchen

1. Aus Apfelessig, 2 EL Olivenöl, Salz, Pfeffer und Chilipulver mit dem Schneebesen in einer Salatschüssel ein Dressing anrühren.
2. Schalotten abziehen und in feine Ringe schneiden. Radieschen putzen, waschen und in Scheiben schneiden. Beides mit dem Dressing vermischen.
3. Salatgurke und Tomate waschen und in Scheiben schneiden. Zum Salat geben und behutsam unterheben.
4. Kräuterseitlinge, wenn erforderlich, putzen und mit Küchenkrepp säubern. Pilze längs in Scheiben schneiden. In einer großen beschichteten Pfanne das restliche Öl mit der Butter erhitzen und die Pilze darin unter mehrmaligem Wenden goldgelb braten, bis sie beginnen, Wasser zu ziehen.
5. Sesam in einer Pfanne ohne Fett rösten. Petersilie waschen, trocken schütteln, die Blätter vom Stängel zupfen und hacken.
6. Salat auf 2 Teller verteilen, die Pilze daneben anrichten und das Ganze mit Sesam, Petersilie und Schnittlauch bestreuen.

Grüner Salat mit Petersilie und Radieschen

Für 2 Portionen
Pro Portion: 346 kcal, 9 g E, 15 g F, 40 g KH

- 100 g Bulgur (oder Couscous)
- 150 ml kochendes Wasser
- 1 Zitrone
- 2 EL Leinöl
- 1 EL Apfelessig
- Salz, Pfeffer
- 1 Msp. Chilipulver (oder rosenscharfes Paprikapulver, oder mehr nach Belieben)
- 1 Bund Radieschen (ca. 200 g, geputzt gewogen)
- 50 g glatte Petersilie
- 150 g Salatgurke
- 100 g gemischte Salatblätter (z. B. Romanasalat und Wirsingblätter)

1. Bulgur in eine kleine Schüssel geben und mit kochendem Wasser übergießen. Die Zitrone auspressen und den Saft (ca. 50 ml) unterrühren. 20–30 Minuten quellen lassen.
2. In der Zwischenzeit aus Leinöl, Apfelessig, Salz, Pfeffer und Chilipulver in einer Salatschüssel mit dem Schneebesen ein Dressing rühren.
3. Radieschen waschen, putzen und in Scheiben schneiden. Petersilie waschen, trocken schütteln, die Blätter von den Stängeln zupfen und grob hacken. Radieschen und Petersilie mit dem Dressing vermischen.
4. Das Stück Salatgurke waschen und in Scheiben schneiden. Gemischte Salatblätter waschen, gut trocken schleudern und in Streifen schneiden. Gurke, Salat und Bulgur in die Salatschüssel geben und unterheben. Mit Salz, Pfeffer und evtl. mehr Chili pikant abschmecken.

Tipp: Je grüner, desto besser. In diesem Rezept gibt es besonders viel Petersilie. Und um den grünen Salat noch gehaltvoller zu machen, können Sie ein bisschen Wirsing dazugeben. Damit die Inhaltsstoffe vom rohen Wirsing besser aufgenommen werden: Blätter mit dem Nudelholz richtig fest durchwalken. Das bricht die Zellstrukturen auf und macht ihn weicher.

Feigensalat mit Roter Bete und Mozzarella

Für 2 Portionen
Pro Portion: 405 kcal, 15 g E, 26 g F, 26 g KH

- 1 EL Apfelessig
- 1 TL Honig
- 2 EL Leinöl
- Salz, Pfeffer
- 400 g Rote Bete (gekocht und vakuumverpackt)
- 125 g Mozzarella
- 50 g grüner Salat (z. B. Lollo Biondo)
- 2 reife Feigen (à ca. 100 g)
- schwarzer Pfeffer aus der Mühle
- 1 EL Crema di Balsamico (nach Belieben)

1. Aus Essig, Honig, Leinöl, Salz und Pfeffer in einer Schüssel mit dem Schneebesen ein Dressing anrühren.
2. Rote Bete aus der Packung nehmen, in Scheiben schneiden und auf 2 Tellern ausbreiten. Mozzarella abtropfen lassen, ebenfalls in Scheiben schneiden und auf oder neben der Bete anrichten.
3. Salat waschen, gut trocken schütteln und evtl. die harten Rippen entfernen. Für jeden Teller 1 Büschel Salat in das Dressing tunken und auf dem Teller verteilen.
4. Feigen behutsam waschen, die Stiele entfernen und die Früchte in Spalten schneiden. Auf den Salat geben und das Ganze mit dem restlichen Dressing beträufeln. 10–15 Minuten durchziehen lassen.
5. Salat vor dem Servieren mit Pfeffer aus der Mühle bestreuen und nach Belieben mit Crema di Balsamico beträufeln.

Spinat-Lachs-Rolle

Für 8 Portionen
Pro Portion: 309 kcal, 20 g E, 22 g F, 1 g KH

250 g pürierter TK-Spinat
250 g Bergkäse (oder alter Gouda)
2 Eier (Größe M)
Salz, Pfeffer
200 g Frischkäse
4 EL frisch gehackte Kräuter (z. B. Basilikum, Majoran, Petersilie)
etwas Zitronensaft oder geriebener Meerrettich (nach Belieben)
200 g Bio-Räucherlachs

1. Spinat auftauen lassen.
2. Käse grob reiben und in einer Schüssel mit Spinat und Eiern gut verrühren und mit Salz und Pfeffer würzen.
3. Den Backofen auf 180 °C Ober-/Unterhitze vorheizen (Umluft 160 °C).
4. Ein Backblech mit Backpapier auslegen, die Spinat-Käse-Masse darauf verstreichen und 20 Minuten im Ofen backen. Anschließend mit dem Backpapier vom Blech ziehen und die Teigplatte vollständig auskühlen lassen.
5. Frischkäse in einer Schüssel mit den gehackten Kräutern verrühren und mit Salz und Pfeffer und – nach Belieben – etwas Zitronensaft oder Meerrettich abschmecken. Masse auf dem Teig verstreichen und mit dem Lachs belegen. Behutsam mithilfe des Backpapiers von der Längsseite her zu einer Rolle formen. Im Kühlschrank durchziehen lassen und dann in Scheiben aufgeschnitten servieren.

Tipp: Das Rezept ist gleich für 8 Portionen gedacht, denn die Low-Carb-Röllchen sind eine prima Vorspeise, passen aufs Büfett, können zum Frühstück oder abends gegessen werden und eignen sich auch gut als Lunch zum Mitnehmen. Im Kühlschrank kann die Spinat-Lachs-Rolle gut verpackt 2–3 Tage aufbewahrt werden.

Lachstatar auf Sprossensalat

Für 2 Portionen
Pro Portion: 287 kcal, 44 g E, 20 g F, 8 g KH

200 g frisches Lachsfilet ohne Haut
2 Lauchzwiebeln
½ Bio-Zitrone
1 TL geriebener Meerrettich (aus dem Glas oder der Tube)
Salz, Pfeffer
100 g gemischte Sprossen
1 EL Leinöl

1. Lachsfilet evtl. von gräulichen Stellen befreien (sie können tranig schmecken), kalt abbrausen, mit Küchenkrepp trocken tupfen und mit einem scharfen Messer in sehr kleine Würfel schneiden.
2. Lauchzwiebeln putzen, waschen und fein würfeln. Zitrone heiß waschen, 1 TL Schale abraspeln und die Frucht auspressen.
3. Lachs, Zwiebeln, Meerrettich, Zitronenabrieb und 1 EL Zitronensaft in einer Schüssel vermischen. Mit Salz und Pfeffer würzen und zugedeckt 30 Minuten oder länger ziehen lassen.
4. Sprossen waschen und gut abtropfen lassen. Aus dem restlichen Zitronensaft, Leinöl, Salz und Pfeffer mit dem Schneebesen in einer Schüssel ein Dressing anrühren und die Sprossen unterheben.
5. Sprossen auf 2 Teller verteilen und das Lachstatar darübergeben.

Süßes

Matcha-Muffins

Für 12 Stück
Pro Stück: 167 kcal, 4 g E, 9 g F, 17 g KH

75 g Butter
150 g Weizenmehl (Type 550)
50 g gemahlene Mandeln (oder Cashewkerne)
½ Pck. Backpulver
75 g Rohrzucker
3 EL Matchapulver
220 ml Milch
1 Ei (Größe M)
Salz

1. Die Butter bei milder Hitze in einem Topf schmelzen und zum Abkühlen beiseitestellen.
2. Den Backofen auf 180 °C Ober-/Unterhitze (Umluft 160 °C) vorheizen. Eine Muffinform (12 Stück) mit Papierförmchen auslegen oder gut einfetten.
3. Mehl, Mandeln, Backpulver, Zucker und Matchapulver in einer Schüssel vermischen.
4. Milch, Ei und 1 Prise Salz zur Butter geben und verquirlen. Mischung nach und nach zum Mehl-Matcha-Gemisch geben und dabei mit einem Kochlöffel gut umrühren.
5. Teig in die Muffinform füllen und ca. 25 Minuten im Ofen backen, bis sich oben eine Kruste gebildet hat. Muffins vollständig auskühlen lassen und erst dann aus der Form nehmen.

Tipp: Heidelbeeren (etwa 75 g) machen den Stoffwechsel-Booster mit Grünteepulver zum echten Hingucker und geben – wie andere Beeren auch – noch einen Gesundheitskick.

Schoko-Avocado-Creme

Für 2 Portionen
Pro Portion: 227 kcal, 5 g E, 16 g F, 16 g KH

- 1 große Avocado (ca. 200 g)
- 1 kleine Banane
- 30 g schwach entöltes Kakaopulver (Rohkostqualität)
- 1 gestr. TL gemahlener Zimt
- 1 Stängel frische Minze

1. Avocado längs halbieren, Kern entfernen und das Fruchtfleisch mit einem Löffel aus der Schale heben. Die Banane schälen und in Stücke schneiden.
2. Beides in eine Schüssel geben, Kakaopulver und Zimt dazugeben und alles mit einem Stabmixer glatt pürieren.
3. Die Minze waschen, trocken schütteln und die Blätter vom Stängel zupfen.
4. Creme auf 2 Gläser verteilen, mit Minze garnieren und zugedeckt im Kühlschrank durchziehen lassen.

Tipp: Wenn Sie die Creme süßer möchten, können Sie 1–2 EL Ahorn- oder Dattelsirup dazugeben. Gehackte Mandeln obendrauf geben Ihrem Stoffwechsel noch einen Extrakick.

Kokospudding mit Erdbeersoße und Pistazien

Für 4 Portionen
Pro Portion: 105 kcal, 4 g E, 6 g F, 10 g KH

- 1 Stück frischer Ingwer (etwa walnussgroß)
- 300 ml Kokosdrink
- 100 ml Milch
- 1 TL abgeriebene Schale einer Bio-Zitrone
- 1 TL Agar-Agar
- 50 ml Wasser
- 500 g frische Erdbeeren
- 30 g geschälte Pistazien (oder Mandeln)
- 4 Blätter frische Minze (nach Belieben)

1. Ingwer schälen und fein würfeln oder reiben. Mit Kokosdrink, Milch und Zitronenschale in einem kleinen Topf verrühren.
2. Agar-Agar in einer kleinen Schüssel mit dem Wasser gut verrühren und die Mischung rasch mit dem Schneebesen in die Kokosmischung einarbeiten.
3. Mischung unter Rühren zum Kochen bringen und kurz köcheln lassen. Dann in kalt ausgespülte Förmchen gießen und etwa 3 Stunden im Kühlschrank fest werden lassen.
4. Erdbeeren behutsam waschen, entstielen und im Mixer pürieren. Pistazien hacken.
5. ⅔ der Erdbeersoße auf 4 Teller verteilen, Kokospudding daraufstürzen und mit der restlichen Soße beträufeln. Mit Pistazien bestreuen und nach Belieben mit Minzblättern garnieren.

Tipp: Der Pudding lässt sich gut vorbereiten und – wenn Sie nur eine oder 2 Portionen gleich essen – zugedeckt im Kühlschrank 2–3 Tage aufbewahren. Die Erdbeersoße erst kurz vor dem Servieren zubereiten.

Schokopudding mit Mandeln

Für 4 Portionen
Pro Portion: 292 kcal, 9 g E, 18 g F, 21 g KH

500 ml Milch
75 g dunkle Schokolade (mindestens 70 % Kakaoanteil)
1 Prise Salz
½ TL gemahlener Zimt
35 g Speisestärke
15 g Kakaopulver (Rohkostqualität)
40 g ganze, ungeschälte Mandeln

1. 400 ml Milch mit 50 g Schokolade, Salz und Zimt in einem Topf zum Kochen bringen.
2. Speisestärke und Kakao in einer kleinen Schüssel vermischen. Die restliche Milch dazugeben und alles mit dem Schneebesen gut verrühren, bis keine Klümpchen mehr vorhanden sind.
3. Kakaomischung in die kochende Milch einrühren und 1 Minute unter Rühren kochen lassen.
4. Den heißen Pudding in 4 Gläser oder Tassen füllen, zugedeckt abkühlen und anschließend im Kühlschrank fest und kalt werden lassen.
5. Vor dem Servieren die restliche Schokolade und die Mandeln grob hacken und den Pudding damit bestreuen.

Avocado-Quark-Kuchen

Für 8 Portionen

Pro Portion: 480 kcal, 9 g E, 45 g F, 6 g KH

- 175 g Kokosöl
- 200 g gemahlene Mandeln
- 30 g Kokosraspel
- 4 Bio-Limetten (oder Zitronen)
- 2 große Avocados (à ca. 200 g)
- 200 g Quark (20 % Fett)
- ½ TL Salz
- 1 Limette (oder Pistazienkerne) zum Garnieren

1. 75 g Kokosöl in einem Topf bei milder Hitze schmelzen. Mandeln und Kokosraspel dazugeben und verrühren. Masse in einer Springform (Ø ca. 26 cm) verstreichen und gut andrücken. In den Kühlschrank geben und in 1–2 Stunden fest werden lassen.
2. 1 Limette heiß waschen und die Schale dünn abraspeln. Limetten auspressen (es sollen etwa 100 ml Saft sein). Avocados längs halbieren, den Kern entfernen und das Fruchtfleisch aus den Schalen lösen.
3. Restliches Kokosöl in einen mittelgroßen Topf geben und schmelzen. Topf vom Herd nehmen. Avocado, Quark, Limettensaft und -schale sowie Salz hineingeben und mit dem Pürierstab zu einer Creme verarbeiten.
4. Creme auf dem Tortenboden verteilen und 1 Stunde im Tiefkühler oder 3 Stunden im Kühlschrank fest werden lassen.
5. Vor dem Servieren nach Belieben mit Limettenscheiben oder gehackten Pistazienkernen garnieren.

Tipp: Am bestens ist es, den Kuchen gleich aufzuessen. Es lässt sich nämlich trotz der Limetten nicht vermeiden, dass die Avocados nachdunkeln. Das tut dem Geschmack keinen Abbruch, sieht aber nicht schön aus.

Quarkcreme mit Orangenjelly

Für 4 Portionen
Pro Portion: 162 kcal, 14 g E, 6 g F, 14 g KH

500 g Quark (20 % Fett)
1–2 TL Zitronensaft
1 EL Honig (nach Belieben)
2 Bio-Orangen
1 Blatt weiße Bio-Gelatine
einige Minzblätter (nach Belieben)

1. Den Quark mit Zitronensaft und, wenn verwendet, Honig in einer Schüssel glatt rühren und auf 4 Gläser verteilen.
2. Die Orangen heiß waschen. Von 1 Orange 1 TL Schale fein abraspeln. Von der zweiten Orange aus der Mitte 4 dünne Scheiben abschneiden und auf die Quarkcreme legen. Die Früchte auspressen, sodass ca. 100 ml Saft entstehen.
3. Die Gelatine 5 Minuten in einer Schale mit kaltem Wasser einweichen. Dann tropfnass in einer kleinen Pfanne bei milder Hitze auflösen und nach und nach den Orangensaft unterrühren. Masse gleich über den Quark geben und das Ganze 1–2 Stunden im Kühlschrank gelieren lassen. Nach Belieben mit Minzblättern garnieren.

Tipp: Sie können das Jelly auch mit Guarkern- oder Johannisbrotkernmehl machen. Dafür den Orangensaft mit 1 gestrichenen TL Mehl mit dem Schneebesen oder Quirl verrühren und den Quark damit bedecken. Dabei wird das Jelly allerdings undurchsichtig.

Info: Speisegelatine besteht zu 85–90 % aus reinem Eiweiß, das aus kollagenhaltigen tierischen Bestandteilen (Knochen, Haut, Sehnen) gewonnen wird. Sie enthält 8 der 9 essenziellen Aminosäuren und ist damit ein guter Eiweißlieferant, der auch in vielen Fertigprodukten vorkommt. Es gibt mittlerweile auch Bio-Gelatine von verschiedenen Herstellern, die jedoch ebenfalls tierischen Ursprungs ist. Vegane Gelierstoffe weisen – je nachdem, woraus sie gemacht sind – wesentlich geringere Mengen an Proteinen auf.

Jelly-Shot mit Brombeeren

Für 4 Portionen
Pro Portion: 54 kcal, 3 g E, 0 g F, 8 g KH

300 g TK-Himbeeren
3 Blatt Bio-Gelatine
100 g frische Brombeeren
einige Minzblätter (nach Belieben)

1. Die TK-Himbeeren in ein feines Sieb geben und über einer Schüssel auftauen lassen. Leicht ausdrücken, sodass ein klarer Saft entsteht. Saft mit kaltem Wasser auf 300 ml auffüllen.
2. Die Gelatine 5 Minuten in einer Schale mit kaltem Wasser einweichen. Dann tropfnass in einem kleinen Topf bei milder Hitze auflösen und nach und nach den Himbeersaft unterrühren.
3. Flüssigkeit auf 4 kleine Gläser verteilen und 2–3 Stunden im Kühlschrank gelieren lassen.
4. Die Brombeeren behutsam waschen, entstielen und gut abtropfen lassen. Auf dem Jelly verteilen und nach Belieben mit einigen Minzblättchen garnieren.

Tipp: Die ausgedrückten Himbeeren können Sie für Smoothies verwenden oder ins Müsli geben. Natürlich können Sie solches »Wackelobst« auch aus allen anderen Früchten oder Fruchtmischungen zubereiten. Statt in Gläsern zu servieren, können Sie das Jelly stürzen oder als Häppchen im Eiswürfelbehälter gelieren lassen.

Apfelkompott mit Ingwer

Für 4 Portionen
Pro Portion: 135 kcal, 0 g E, 4 g F, 26 g KH

600 g rote Äpfel
2 EL Zitronensaft
1 Stück frischer Ingwer (etwa walnussgroß)
1 EL Olivenöl
1 Stange Zimt
100 ml Wasser
Salz, Cayennepfeffer
1 EL Honig

1. Die Äpfel heiß waschen oder schälen, vierteln, die Kerngehäuse entfernen und das Fruchtfleisch in Spalten schneiden. Sofort mit Zitronensaft beträufeln.
2. Ingwer schälen und klein würfeln.
3. Öl in einem Topf erhitzen und Ingwer darin bei milder Hitze andünsten. Äpfel, Zimtstange und Wasser dazugeben und auf kleiner Flamme 10 Minuten musig einkochen.
4. Zimtstange entfernen. Kompott mit Salz und Cayennepfeffer pikant abschmecken und den Honig einrühren.

Tipp: Das Apfelkompott ist einige Tage im Kühlschrank haltbar. Sie können es nach Belieben heiß, lauwarm oder kalt als Nachtisch oder Beilage, z. B. zu gebratenem Fisch oder Geflügel, servieren.

Zutatenregister

H

I

J

K

L

M

O

Bildnachweis

Shutterstock.com:
S. 5: Elizaveta Galitckaia, PavelKant, Elena Schweitzer; S. 6: Shebeko, Sea Wave, nelea33; S. 7: Anna Shepulova, Goskova Tatiana, Oksana Mizina; S. 8: Tatjana Baibakova; S. 12: j.chizhe; S. 16: JeniFoto, Melica; S. 20: Yulia Furman; S. 22: Madlen, Alona_S; S. 24: Syda Productions; S. 27: j.chizhe; S. 29: Genitchka; S. 30: Perutskyi Petro; S. 31: Photoongraphy, Kovaleva_Ka; S. 32: Imagepocket, bergamont; S. 33: Pixelbliss; S. 34: HandmadePictures, Ivonne Wierink; S. 35: stockcreations; S. 36: bonchan; S. 37: Marina Shanti, Snowbelle; S. 38: Elena Schweitzer, Brent Hofacker; S. 41: ILEISH ANNA; S. 45: stevemart; S. 46: Patcharida, Lithiumphoto; S. 47: Elena Schweitzer, Elizaveta Galitckaia, PavelKant, Louno Morose, GalinaSh, Lyudmila Mikhailovskaya; S. 49: Elena Schweitzer; S. 51: Louno Morose; S. 53: Shebeko; S. 54: GalinaSh; S. 55: Nedim Bajramovic; S. 57: Lyudmila Mikhailovskaya; S. 59: marco mayer; S. 61: PavelKant; S. 63: NoirChocolate; S. 65: Oleksandra Naumenko; S. 68: Elizaveta Galitckaia; S. 69: Dani_Solare; S. 71: natashamam; S. 73: Svetlana Lukienko; S. 75: Jagoda Przybyla, Nataliya Arzamasova, Sea Wave, mama_mia, Brent Hofacker, Alphonsine Sabine; S. 77: fired; S. 79: mama_mia; S. 81: Alphonsine Sabine; S. 83: Jagoda Przybyla; S. 85: Brent Hofacker; S. 86: Nataliya Arzamasova; S. 87: Martin Rettenberger; S. 89: Sea Wave; S.90: Brent Hofacker; S. 91: olepeshkina; S. 93: Sea Wave; S. 94: Studio 72; S. 95: Nataliya Arzamasova, freeskyline, nelea33, nadianb, AS Food studio; S. 97: nadianb; S. 99: AS Food studio; S. 101: Nataliya Arzamasova; S. 102: Kamila i Wojtek Cyganek; S.103: Joshua Resnick; S. 104: freeskyline; S. 105: Nina Alizada; S. 106: AS Food studio; S. 107: studio f22 ricardo rocha; S. 109: freeskyline; S. 111: hlphoto; S. 113: B.G. Photography; S. 115: nelea33; S. 117: Anna Shepulova; S. 119: AS Food studio; S. 121: Magdanatka; S. 123: papkin; S. 125: belchonock; S. 127: Ildi Papp; S. 129: hlphoto; S. 130: Jana Loesch; S. 131: Liliya Kandrashevich, Vitaly Goncharov, Ale02, jreika, Maria Uspenskaya, Kolpakova Svetlana; S. 133: vm2002; S. 135: Liliya Kandrashevich; S.136: jreika; S. 137: Nina Firsova; S. 139: freeskyline; S. 141: Maria Uspenskaya; S. 142: rainbow33; S. 143: Ildi Papp; S. 145: freeskyline; S. 147: Ale02; S. 149: Tatiana Vorona; S. 151: Goskova Tatiana; S. 153: AS Food studio; S. 155: StockphotoVideo; S. 157: Ildi Papp; S. 159: Kolpakova Svetlana; S. 161: DronG; S. 163: AS Food studio; S. 165: JOAT; S. 167: Vitaly Goncharov; S. 169: Chudovska; S. 170: foodandcook; S. 171: Brent Hofacker, P-fotography, Liliya Kandrashevich, artem evdokimov, Jagoda Przybyla, Oksana Mizina; S. 173: artem evdokimov; S. 75: Brent Hofacker; S. 177: Jagoda Przybyla; S. 179: Oksana Mizina; S. 181: P-fotography; S. 183: Liliya Kandrashevich; S. 185: Y. A. Photo; S. 186: Brent Hofacker

Auch als **E-Book** erhältlich

144 Seiten
17,00 € (D) | 17,50 € (A)
ISBN 978-3-7423-2284-5

Veronika Pichl

Scheinfasten – Das Kochbuch

Gesund abnehmen in 5 Tagen

Im Gegensatz zum üblichen Fasten wird beim Scheinfasten (engl. »fasting mimicking diet«) nicht komplett auf feste Nahrung verzichtet, weshalb es für Anfänger, Berufstätige und Menschen mit einem stressigen Alltag mühelos umsetzbar ist. Die Vorteile des Fastens bleiben trotzdem erhalten: Mithilfe einer klug gewählten Nährstoffkombination wird dem Organismus ein Nahrungsmangel vorgetäuscht und somit die Zellerneuerung angeregt. Diese effektive Methode beeinflusst die Gesundheit positiv. Sie kurbelt den Stoffwechsel an und führt dadurch zu einer Gewichtsreduktion, kann Zivilisationskrankheiten vorbeugen und sogar Anti-Aging-Effekte erzielen. Eine Anleitung mit Ernährungsplan und gleich mehreren leckeren und gesunden Mahlzeiten pro Tag sorgt für ein effektives und genussvolles Scheinfasten.

riva